Saint Germain e a Nova Era

Saint Germain e a Nova Era

2ª edição - 2012
3ª reimpressão - 2021

Luiz Carlos Silveira Dias Júnior

Divina Presença
Porto Alegre - RS

SAINT GERMAIN E A NOVA ERA
Luiz Carlos Silveira Dias Júnior
2ª edição
Novembro 2012
3ª reimpressão
Abril 2021

Editora Divina Presença
Rua Jerônimo Coelho, 284,
Centro Histórico. Porto Alegre -
CEP 90010-240 - Tel: (51)3377-9133
e-mail: divinapresenca@gmail.com
site: www.divinapresenca.com.br

Capa e projeto gráfico:
Francisco Gomes e Luiz Carlos Dias Jr.

Revisão gráfica, de conteúdo e colaboração:
Mariza Varela

SUMÁRIO

AGRADECIMENTO

Agradeço ao Mestre Saint Germain pela grande oportunidade de conhecer, compreender, aplicar e difundir seus ensinamentos maravilhosos e transformadores.

Espero, nestas páginas, poder transmitir a essência destes ensinamentos a todos os buscadores da luz e da liberdade. O conhecimento só tem valor real quando se transforma em sabedoria, e esta se revela na prática do conhecimento; portanto, sugiro a todos os leitores que apliquem aquilo que aprenderem e desfrutem da liberdade que Saint Germain oferece a todos. Muita luz!

Dedico esta edição à querida amiga e colaboradora Sirlei Michelin Caetano (que hoje se encontra no plano espiritual), por toda a sua dedicação, carinho e amizade e por acreditar que utilizou muito o Fogo Violeta em sua passagem.

Luiz Carlos Silveira Dias Júnior

DISCURSO DE SAINT GERMAIN

Queridos Amigos,

Venho mais uma vez relembrar-vos de que a Presença Divina pulsa em vossos corações e clama por manifestação; o Cristo em cada homem já começa a revelar a Sua Luz. Muitos Seres de Luz vieram à Terra em vosso auxílio e muitos Mestres continuam dando assistência à humanidade, das oitavas de Luz. Um novo ciclo se iniciou no planeta e muitas transformações estão em pleno desenvolvimento. Cada pessoa é responsável pela forma como estas mudanças ocorrerão. Cabe a cada um de vós perceberdes que estais permanentemente interagindo com tudo ao vosso redor, criando limites e impurezas; portanto, a única forma de melhorar o planeta é transformando as vossas criações.

Durante o período em que estive encarnado na Terra sempre lutei pela liberdade e pela justiça, buscando criar condições propícias para que o homem alcançasse patamares mais elevados. Mesmo depois de liberto da roda das encarnações, retornei ao plano físico com o mesmo propósito e permaneço até hoje dando assistência a todos os homens que buscam a alquimia interior. Muitos daqueles que atualmente lutam pela purificação, transformação e libertação da Terra, são meus companheiros de antigas jornadas. A semente que foi plantada no coração se desenvolveu ao longo do caminho e desperta agora na consciência de cada um de vós, através de minhas palavras. Percebo os frutos que nascem e o desejo sincero e puro de contribuir com a tarefa que empreendi e que, ainda hoje, é meu ideal: a liberdade deste amado e belo planeta e a ascensão de todos os seres. De forma muitas vezes inconsciente para vós, mas muito clara para mim, tenho-vos como veículos que se aperfeiçoam e que se transformam em instrumentos de minhas palavras e ensinamentos. Comparados aos vossos irmãos de caminhada que ainda estão adormecidos e que desconhecem minhas palavras, vos transformastes em verdadeiros focos de luz com capacidade de expandir esta luz em vosso mundo pessoal.

A Era em que viveis hoje é regida por grande poder libertador, e a meta de todos os discípulos e colaboradores é representar esse poder em todos os âmbitos da vida: na política, na religião, na filosofia, nas ciências, nas artes, nas leis, nas ideias e ideais reformadores, enfim, em todas as áreas tenho representantes que estão atuando e promovendo as bases de um Novo Tempo. Cada indivíduo que desperta para uma visão plena de amor incondicional, luz e serviço, está sendo dirigido por sua Presença Divina a um novo padrão vibratório e é exatamente isso que é esperado de todos os homens.

Lembrai-vos de entrar em sintonia com a vossa verdadeira essência, que é a Presença Radiante de Deus em vós; adorem-Na, agradeçam-Lhe e permitam que Ela atue através de vossos corpos inferiores, criando toda a perfeição na Terra. Todos têm a responsabilidade de transmutar suas criações antigas e limitantes em criações puras e harmoniosas. O conhecimento e o modo de proceder já foram ensinados, só vos resta aplicá-los e desfrutar da glória de Deus. Estou sempre convosco prestando auxílio e esclarecimentos e espero a vossa colaboração para promover a Era Dourada na Terra, a nossa Estrela de Liberdade. Sede abençoados, amigos da Nova Era, e sustentai em vossos corações o estandarte da Liberdade.

Eu Sou o Instrutor dos homens que buscam a Liberdade.
Eu Sou Saint Germain.

SAINT GERMAIN E A NOVA ERA

O Mestre Ascensionado Saint Germain é o Chohan ou dirigente do Sétimo Raio desde o final do século XVIII. O Sétimo Raio, ou Raio Violeta como também é chamado, expressa as vibrações de Perdão, Misericórdia, Transmutação, Liberdade, Ordem, Ritmo e Cerimonial, regendo todos aqueles que estão envolvidos na causa da Liberdade em toda a Terra, servindo nas mais diferentes atividades. Em 1º de maio de 1954, Saint Germain assumiu a regência da Nova Era, tendo recebido o cetro das mãos do Mestre Jesus, que dirigia a Era anterior. Hoje, Saint Germain também é conhecido como o Deus da Liberdade.

Raios são Energias Divinas, emanadas do Coração de Deus ao universo, ao sistema solar e ao planeta Terra. São energias que compõem tudo o que existe, tudo o que foi criado (desde as maiores galáxias até as menores partículas), em todos os níveis de consciência e em todos os planos de manifestação; vivificam cada núcleo de vida, realizando o propósito da criação. Na Bíblia são chamados de "os Espíritos diante do Trono de Deus". Através da manifestação dessas irradiações, o Grande Criador Universal precipita todas as suas Obras. Imagine um Grande Sol Central, de um brilho muito intenso e visualize isso como o Núcleo da Criação; ao redor desse Grande Sol, perceba irradiações cromáticas, que na verdade são Qualidades, Virtudes Divinas emanando desse Núcleo e se expandindo pelo Universo. Esses são os Raios que vêm do Coração de Deus e estão qualificados como Raios de Aspectos Divinos (Primeiro, Segundo e Terceiro Raio) e de Atributos Divinos (Quarto, Quinto, Sexto e Sétimo Raio).

A Nova Era é um novo ciclo no qual o planeta Terra está entrando e que durará cerca de dois mil anos, regido pelo Sétimo Raio e caracterizado por grandes transformações. A cada vinte e cinco mil anos, aproximadamente, o nosso planeta completa um grande ciclo em seu movimento no espaço. Este ciclo é dividido em doze períodos de aproximadamente dois mil anos e estes períodos são chamados de *eras*. A era atual é considerada o momento da colheita, pois o Sétimo Raio recolhe tudo o que foi distribuído e praticado desde o início do grande ciclo, ou seja, há aproximadamente doze mil anos atrás. Na Era do Sétimo Raio, é necessário que todos aprendam a libertar-se de tudo o que for limitante e negativo. As maiores prisões são internas e não externas. O exercício da liberdade em todos os setores (político, social, religioso, filosófico) é importante, mas a verdadeira liberdade deve vir de dentro pra fora, ou seja, do seu interior; libertação de pensamentos e sentimentos opressores e negativos e libertação do passado, desta e de outras encarnações. Isso é fundamental para este Novo Tempo, e todos os homens deverão sintonizar-se com essa nova frequência. O importante é viver no aqui e no agora, no momento presente.

O Mestre Saint Germain ensina a focalizar a atenção no presente e deixar para trás o passado, assim como deixar de ficar sonhando com o futuro. O que importa é o momento que temos diante de nós, pois esse momento é o criador do futuro. Se o passado for trazido à lembrança e, a todo o momento, vivermos focados no que aconteceu, trazemos essa energia para o momento atual e tudo fica circulando na mesma energia; recriamos as mesmas coisas.

A Era da Liberdade exige de todos os homens o desapego, a libertação de carmas e não a constante repetição do passado. Diante disso, se faz necessária uma mudança de postura mental e emocional, que são fundamentais para a libertação interior. Os homens estão na Terra com o objetivo de servir e, através desse serviço, manifestar a felicidade, a alegria, o amor, e não para ficar repetindo carmas e gerando negatividade.

Quando se olha para o presente e se vê nele um potencial construtivo e libertador, tem-se a chance de transmutação e renovação absolutas. Durante esse período, a Terra e os homens vão vivenciar uma atividade completamente nova, pelo menos não vivida nos últimos doze mil anos e a cada ser, humano ou elemental, será dada a oportunidade de libertação.

A Hora Cósmica soou e o chamado emerge de todos os recônditos da Terra e dos Céus. Todos os que desejam a Liberdade têm essa chance. Ninguém precisa mais ficar remoendo o passado e sujeito ao retorno de suas energias pregressas; basta dissolvê-las, arrependendo-se de seus erros, perdoando e sendo perdoado e libertando-se de culpas antigas, para que toda a limitação se dissolva. Para isso foi divulgado publicamente o ensinamento do Fogo Violeta, a Poderosa Energia Misericordiosa que dissolve o passado e mantém todos os seres livres da dissonância. Além disso, a assistência de Saint Germain, como regente da Nova Era, e de todos os Ascensionados tem o objetivo de facilitar o processo de evolução e purificação de toda a Terra.*

*Mais informações sobre os Sete Raios e a Nova Era, no livro *Eu Sou Eternamente Livre*, desta editora.

VIRTUDES DO SÉTIMO RAIO

Ordem, Liberdade, Misericórdia, Perdão, Transmutação, Ritmo, Cerimonial.

SERES DO SÉTIMO RAIO

Além de Saint Germain, os Seres de Luz mais conhecidos que servem nesse Raio são a Mestra Pórtia, Mestra Kwan Yin, Lord Sainthru e Lady Mercedes, Arcanjo Ezequiel e Ametista, Elohim Arcturus e Diana, Príncipe Oromasis (elemental que serviu a Saint Germain em várias encarnações e foi elevado à imortalidade). Além destes, existe uma legião de Mestres, Arcanjos e anjos do Sétimo Raio.

SÍMBOLO DO SÉTIMO RAIO

A Cruz de Malta dentro de uma flor de lótus e, ao redor, as asas da Liberdade (a Cruz de Malta representa o homem perfeito, a flor de lótus simboliza pureza e elevação e as asas da liberdade, a liberdade e a ascensão).

SÍMBOLO DO MESTRE SAINT GERMAIN

Cruz de Malta (união do homem com Deus, o homem perfeito).

RETIRO ESPIRITUAL DO MESTRE SAINT GERMAIN

Fica localizado no plano etérico, nos Montes Cárpatos, na região da Transilvânia, na Romênia. É descrito como um templo branco muito similar à Casa Branca, sede da presidência dos Estados Unidos (Saint Germain esteve por trás do processo de independência dos Estados Unidos e transmitiu a George Washington a planta da sede da nova República, similar ao seu Retiro Etérico).

AS VIDAS PASSADAS DE SAINT GERMAIN

Profeta Samuel

São José

Santo Albano

Proclus

Roger Bacon

Cristóvão Colombo

Francis Bacon

Conde de Saint Germain

AS VIDAS PASSADAS DO MESTRE SAINT GERMAIN

Conheça algumas encarnações importantes de Saint Germain, antes de alcançar a ascensão:

REI DE UMA ANTIGA CIVILIZAÇÃO

Encarnou-se como rei de uma antiga civilização há mais de cinquenta mil anos, em um país subtropical onde hoje está localizado o deserto do Saara. A civilização vivia literalmente uma Era de Ouro, pois reinava a paz, a prosperidade, a alegria, a justiça, a sabedoria e a união. A maioria dos homens vivia em sintonia com a sua Presença Divina e fazia uso pleno do Poder, Amor e Sabedoria Divinos. O rei tinha criado na cidade um grande mural com a representação da origem do povo e o propósito que deveriam cumprir, que era o de se tornarem Seres de Luz. O rei regia seu país com absoluta perfeição e beleza, e o povo o via como o próprio representante de Deus, a manifestação da energia Crística Universal.

Durante algum tempo tudo era perfeição, até que uma parte do povo começou a se interessar pelos prazeres egoístas e pouco a pouco foram perdendo o contato com a Presença Divina que havia em cada um. O rei foi instruído por Seres de Luz a abandonar o reino e a deixar o povo escolher um novo representante, de acordo com a sua nova vibração. Ele ofereceu, então, um grande banquete a vários colaboradores que o auxiliaram em seu reinado e transmitiu-lhes a sua vibração de Luz e Amor, pedindo-lhes para que nunca esquecessem a Presença Divina em seu interior. Retirou-se do reino e este entrou em pleno processo de degradação, de acordo com o livre-arbítrio do próprio povo; um novo rei foi escolhido e um período denso e negativo iniciou-se na história da humanidade.

SUMO SACERDOTE NA ATLÂNTIDA

Encarnou-se há cerca de treze mil anos atrás, no continente da Atlântida e atuou como Sumo Sacerdote no Templo da Chama Violeta. Sustentou, através de invocações, um Foco de Luz Violeta que atraía pessoas de todos os locais, para se libertarem de todas as suas prisões internas e purificarem os seus corpos físico, etérico, emocional e mental.

O Santuário era todo de mármore e era um templo de cura e libertação que irradiava o Fogo Violeta Consumidor e Libertador de forma visível para alguns e invisível para outros. Toda a força ativada nesse Santuário era dirigida pelo Arcanjo Ezequiel e seu Complemento Divino, Ametista. Quando o continente atlante submergiu, esse templo foi eterizado e hoje encontra-se localizado na região que envolve a ilha de Cuba e as ilhas do Caribe, no plano etérico.

PROFETA SAMUEL

Encarnou-se aproximadamente no ano 1050 a.C. como o profeta Samuel, sendo o portador de uma mensagem de uma verdadeira doutrina de libertação espiritual para o povo. Foi um grande líder do povo de Israel, sempre professando a fé num único Deus e conduzindo os israleitas a confiarem em que o Senhor os libertaria dos filisteus. Com o passar dos anos, o povo exigiu um rei e Samuel dizia-lhes que um rei poderia tentar aprisioná-los ou governá-los de forma imprópria. Mesmo assim, o povo insistiu e Samuel ungiu Saul como rei; mais tarde, quando o rei Saul desobedeceu a Deus, Samuel ungiu um pastor chamado David como rei.

SÃO JOSÉ

Encarnou-se como José, descendente daquele que havia sido o rei David, e foi marido de Maria e pai terreno de Jesus. José era essênio e estava se apresentando no Monte Carmelo, em um templo essênio, quando conheceu Maria, filha de Ana e Joaquim, que vivia no local, em uma espécie de internato. Nesse período, José era viúvo e pai de quatro filhos. Ao conhecer Maria, sentiu que precisava aproximar-se dela e não tardou em pedir sua mão em casamento ao dirigente do Monte Carmelo. Tudo fazia parte de um Plano Divino perfeito para que Jesus viesse à terra e cumprisse sua missão.

Ao conhecer José, Maria viu atrás dele um Anjo Violeta enorme e percebeu que esse era um sinal para que ela confiasse naquele homem e se entregasse completamente ao cumprimento da Vontade Divina. Antes mesmo do casamento, ocorreu uma nova visão de um Anjo, o Arcanjo Gabriel, que veio com as boas novas: Maria daria à luz ao Messias, o Grande Avatar da Era de Peixes, gerado pelo Divino Espírito Santo; o motivo pelo qual ela estava encarnada foi revelado e compreendido, mas tudo deveria ser mantido em silêncio. Somente José poderia saber; Maria contou tudo a ele e, já grávida, casou-se com José. Foram viver na casa dele, junto com seus filhos, local onde ele também trabalhava em uma oficina de carpintaria.

Nos últimos meses de sua vida, José dedicou-se ao serviço da Fraternidade Essênia e intensificou no coração dos homens a necessidade de reconhecer o Messias, quando Ele se manifestasse. Como era um profundo conhecedor das Escrituras, explicava que os sinais já apontavam que o Messias estava entre eles e todos deveriam segui-lO; jamais revelou tratar-se de seu filho.

SANTO ALBANO

Encarnou-se em 303 d.C., na cidade de Verulamium – território de Roma - hoje Hertfordshire, Inglaterra, como um anglo-romano no período do martírio dos cristãos, com o nome de Albano. Inicialmente era um soldado romano, mas tornou-se monge beneditino e foi o primeiro mártir da Inglaterra. Foi decapitado por apresentar poderes curadores, sendo taxado de feiticeiro. Conta-se que foi levado a uma pequena ilha para ser enforcado longe da população que o adorava como santo curador; para que o povo estivesse presente no momento de sua morte, orou e o rio se abriu, dando passagem a toda a população. O carrasco que o executaria, vendo seus poderes, desistiu da execução e converteu-se; acabou sendo decapitado junto com Albano. Muito tempo depois foi construída uma Abadia chamada de Santo Albano. Na Inglaterra, atualmente, celebra-se no dia 17 de junho o dia de Santo Albano.

PROCLUS (410 d.C.- 485 d.C.)

Encarnou-se em 410 d.C., em Bizâncio, com o nome de Proclus. Diz-se que ele era protegido de Minerva e ele próprio contava que a deusa grega apareceu para ele, dizendo que deveria estudar filosofia. Conta-se que, em uma ocasião, estava com uma doença grave, que médico algum conseguiu diagnosticar; surgiu, então, um jovem que irradiava luz de sua cabeça, aproximou-se dele, o tocou e pronunciou seu nome; instantaneamente, ele ficou curado.

Algum tempo depois, viajou para o Egito e ingressou na escola dos hierofantes, sendo instruído nos mistérios esotéricos. Em Alexandria, estudou com filósofos gregos e aprendeu a doutrina aristotélica. Ao completar vinte anos, foi para Atenas e estudou com Plutarco e Syriano, dois grandes filósofos. A partir daí, foi iniciado na Disciplina Sagrada de Platão e aos vinte e oito anos já era reconhecido por suas obras. Acabou sucedendo Syriano como diretor da Academia de Platão, em Atenas e, deste momento em diante, dedicou-se totalmente ao misticismo platônico.

Proclus foi um filósofo neoplatonista, ou seja, renovou o platonismo trazendo o desejo místico de expandir a consciência e entrar em sintonia com os Seres Divinos, de forma direta e pessoal. Sua filosofia assemelha-se bastante à metafísica moderna e diz: *"A Unidade é uma realidade. A Diversidade é uma ilusão. Buscai a Unidade detrás da aparente Diversidade"*. Portanto, o neoplatonismo de Proclus vê os homens como uma Unidade Integrada, a Humanidade, e aceita todos os Deuses, pois todos fazem parte do Deus Uno. Considera toda a vida como Una, ensinando a compreensão, mas não a aceitação da condição inferior e dos limites; diz que o homem deve buscar o Bem em tudo.

Proclus também destacou o conceito de *emanação*, o processo pelo qual os múltiplos seres que compõem o Universo provêm de um único Ser. O princípio de tudo é a Unidade Absoluta; tudo nasce do Um por emanação. O primeiro ser criado é o Logos, o Verbo, a Inteligência que encerra todas as ideias possíveis. Dessa forma, Deus, como Ideia Maior ou Espírito Puro que transcende o mundo, cria de si próprio pela emanação as ideias, que entram em contato com a matéria e também criam, por emanação, todas as coisas. Em função disso, o homem, que é criação divina, pode sentir-se de origem divina, aproximando-se de Deus, vivenciando-O e contemplando-O. A ética de Proclus exige o aprofundamento ao princípio supremo e sua obra principal chama-se *Elementos da Teologia*. Após sua morte, em 485 d.C., a Academia de Platão deixou de existir como movimento e sua linha de pensamento filosófico mesclou-se com a Metafísica Cristã.

ROGER BACON (1214-1294)

Encarnou-se como Roger Bacon em 1214, em Somerset, na Inglaterra. Era filho de um rico proprietário de terras, mas seu propósito sempre foi estudar. Apaixonado pelos livros, Roger fugiu de casa, pois o pai queria que ele se dedicasse ao cultivo das terras, e foi viver em um mosteiro franciscano, onde pôde dedicar-se aos livros. Acabou estudando depois em Oxford e em Paris e interessou-se profundamente pelas chamadas Ciências Ocultas. Na companhia do Bispo de Rastibonne, alquimista, cientista e mago, e Tomás de Aquino, sábio, metafísico e mago, praticava a alquimia e as ciências experimentais. Além disso, destacava-se na química, astronomia, metafísica, matemática, biologia, engenharia e medicina, sendo conhecido como "Doutor Maravilha" por sua obra *"De Mirabilis Potestate Artis et Natura"*.

É atribuída a ele a descoberta das lentes convexas para telescópio e da pólvora, que auxiliou a descobrir. Conheceu as propriedades de determinadas ervas e com elas preparou um líquido que aumentava a longevidade. Além disso, realizava magias e precipitava do éter músicas, orquestras, um grupo de bailarinas, e outras coisas, como fez certa vez para o rei que visitava Oxfordshire.

Lutava pela liberdade de pensamento e foi perseguido pelos próprios irmãos franciscanos, que o consideravam rebelde e revolucionário. Refugiou-se em Paris e esteve com o Papa Clemente IV, que se interessou em conhecer sua obra. Escreveu em latim obras como *"Opus Magnus"*, *"Opus Minus"* e *"Opus Tertium"*, apoiadas pelo Papa e retornou a Oxford. Lá escreveu um compêndio de Filosofia, onde apontava o erro que existia entre as relações da Filosofia e da Teologia, o que acabou desagradando os eclesiásticos, que o prenderam e queimaram todas as suas obras. Ficou preso por quatorze anos e dois anos após ter sido libertado, desencarnou; era o ano de 1294.

CRISTÓVÃO COLOMBO (1451-1506)

Encarnou-se como Cristóvão Colombo em 1451, um homem de origem desconhecida (não se sabe ao certo se era um genovês ou um judeu). Tornou-se extremamente culto e mantinha relações bastante próximas com a Igreja e com a Ordem Franciscana.

Colombo leu a obra *Imago Mundi*, do cardeal Pierre d'Ailly, que fazia referência ao trecho da obra *Opus Magnus* de Roger Bacon, na qual era citado: *"O mar entre o fim da Espanha, à ocidente, e o princípio da Índia, à oriente, pode ser cruzado em muitos poucos dias, com vento favorável"*, sem revelar que essa ideia era de autoria de Bacon. Mesmo que a informação estivesse errada, Cristóvão empolgou-se com a ideia e, acreditando que era um instrumento de Deus, decidiu buscar um Novo Mundo. Leu a Bíblia e estudou seus profetas, crendo que poderia cumprir as profecias reunindo os desterrados de Israel e os dispersos de Judá.

Escreveu um livro chamado *O Livro das Profecias sobre a descoberta das Índias e o Recobro de Jerusalém*. Acabou conquistando a confiança dos reis Fernando e Isabela e conseguiu o financiamento para sua expedição em busca de um novo continente. Descobriu a América em 1492 e alguns anos depois, em uma carta que escreveu aos reis, usou a citação que havia lido na obra do cardeal d'Ailly. Em outra carta disse que os mapas de nada serviram, pois foram cumpridas as palavras de Isaías, acreditando que descobriu a América devido às profecias.

No entanto, quando os reis ordenaram a exploração desenfreada e a violência à população, Colombo indignou-se e recusou-se a dar continuidade ao empreendimento. Foi banido da sociedade culta da época e não lhe foi atribuída a descoberta do novo continente (América tem este nome em homenagem a outro navegador, Américo Vespúcio). Mais tarde, o filho de Colombo resgatou a imagem do pai e ele foi reconhecido, então, como o primeiro a descobrir o continente americano.

FRANCIS BACON (1561-1626)

Encarnou-se em 22 de janeiro de 1561, como filho de Isabel I, rainha da Inglaterra e de Sir Robert Dudley, Conde de Leicester. No entanto, a rainha Isabel, ao engravidar sem estar casada, queria manter a fama de rainha virgem e gostava demais do poder para se casar com o Conde e assumir o filho. Disfarçou a gravidez, criando uma nova moda nos vestidos reais e, ao nascer a criança, a entregou a Sir Nicolas Bacon e Lady Anne Cooke, para que o criassem como seu filho legítimo.

Francis era um rapaz extremamente inteligente e ingressou na Universidade de Trinity aos doze anos e aos quinze anos em Cambridge. Após a conclusão de ambas as Universidades, seus pais o mandaram para Paris para estudar diplomacia e política. Nessa época, teve interesse pela ciência experimental e manifestou a ideia de que na antiguidade o único propósito era o de descobrir novos argumentos verbais; já na ciência moderna o objetivo era o de revelar e dominar a natureza, descobrindo seus segredos, através da união da prática com a teoria. Para ele, o saber precisava trazer resultados práticos que contribuíssem para a melhoria das condições de vida do homem. Nesse período começou a escrever *"Instauratio Magno de Dignatis Scientiarum"*.

Teve de regressar a Londres, pois seu pai morreu e em seu testamento não havia nenhuma herança deixada para ele. Para se sustentar, estudou Direito e viveu vinte e cinco anos à sombra de seu tio materno, que o humilhava constantemente. Acabou conseguindo um cargo no Parlamento, após muitas tentativas, mas foi terminantemente contrário a uma petição real que surgiu e teve a desaprovação do tio e da rainha.

Em 1605 publicou *"Avanço do Conhecimento Divino e Humano"*, que fazia parte da primeira parte de sua obra "Instauratio Magno". Em 1609 publicou *"De Sapienti Veterum" (A Sabedoria dos Antigos)*. Surge aí, a modernização da filosofia e Francis Bacon traz um novo nascimento ao platonismo e ao neoplatonismo, libertando as consciências de sua época das teologias de Aristóteles. Escreveu a obra Ensaios entre 1597 e 1623, a qual é considerada a sua mais bela produção; nela ele discorre sobre vários temas humanos e fala: "Certos livros são para serem provados, outros para serem engolidos, e alguns poucos para serem mastigados e digeridos".

É dito também que Bacon foi criador e alto dirigente da Ordem Rosacruz e da Maçonaria, além de ter escrito todas as obras teatrais assinadas por William Shakespeare. Este último era filho de um granjeiro e trabalhava como porteiro de teatro, às vezes fazendo pequenas participações nas peças teatrais. Menciona-se que nas obras assinadas por Shakespeare, existem cerca de quinhentos acrósticos do nome "Francis Bacon", bem como um código cifrado, ligado às Ordens Secretas.

Quando a rainha Isabel morreu, seu sucessor, o rei Jaime I nomeou Francis Bacon, sucessivamente, Procurador, Fiscal da Coroa, Lord Guardião do Selo Real, Chanceler (com o título de Lord Verulam) e, mais tarde, Visconde Santo Albano, tudo isso ao longo de quatorze anos. Francis Bacon desencarnou em 1626.

Esta é última encarnação notória, divulgada como sendo a do Mestre Saint Germain. No entanto, ele mesmo diz que a ascensão só é possível quando acontece no plano físico, nem que seja necessário habitar um novo corpo físico somente para elevá-lo junto com os demais corpos sutis. Saint Germain alcançou a glória da ascensão em 1º de maio de 1684, portanto cinquenta e oito anos depois do desencarne de Francis Bacon; por este fato fica subentendido que o Mestre habitou um novo corpo físico, e neste último corpo alcançou a libertação da roda das encarnações.

CONDE DE SAINT GERMAIN

O CONDE DE SAINT GERMAIN

Algum tempo depois de sua ascensão, decidido a influenciar os homens no sentido de promover a liberdade e o crescimento da Europa, o Mestre Saint Germain fez uma petição ao Conselho Cármico para retornar ao plano físico e conviver com os homens novamente. Aceita a sua petição, Saint Germain criou um corpo físico e infiltrou-se na corte europeia, permanecendo na Terra entre 1710 e 1822, aproximadamente.

Para ser aceito pelos nobres europeus, mencionou ser descendente de uma família de nobres da Transilvânia. Até aparecer em Paris, onde usou o nome Conde de Saint Germain, foi visto na Escócia, Alemanha, Áustria e Índia e apresentou-se nesses locais com o nome de Marquês de Montferrat; Conde de Bellamare em Veneza, Chevalier Schoening em Pisa, Chevalier Weldon em Milão e Leipzig, Monsenhor de Surmont e Conde Soltikoff em Gênova e Leghorn, Graf Tzarogy em Schwalbach e Triesdorf, Príncipe Rakoczy em Dresden e Conde de Saint Germain em Paris, Haia, Londres e São Petersburgo. O nome Saint Germain foi escolhido porque os domínios dos Ferencz Rakoczi (a família da qual supostamente descendia), na Itália, chamavam-se Saint Germain.

Chegou a Paris em 1757 e foi apresentado pelo Ministro da Guerra, Marechal e Conde de Belle-Isle, à madame Pompadour e a Luis XV, rei da França, para quem o Conde de Saint Germain contou toda a sua história: era filho do Príncipe Franz-Leopold Rakoczy e da princesa Charlotte Amalia de Hesse-Wahnfried, vindo do castelo Rakoczy, nos Montes Cárpatos. Para protegê-lo de Carlos VI (o inimigo que destronou seu pai), o Príncipe Franz-Leopold mandou-o, ainda menino, para Florência, na Itália, aos cuidados do Duque de Médici, noticiando a todos que este havia morrido. Foi então educado e criado pelo Duque de Médici, até atingir a idade adulta. Desde então, viveu em muitos locais até chegar em Paris.

Aparentava entre trinta e quarenta anos de idade, com porte elegante, estatura mediana, pele amorenada, mãos delicadas e pés pequenos, cabelo escuro e fino, olhos castanhos de uma expressão e beleza peculiar e profunda. Possuía uma fisionomia intelectual e vestia-se com muito bom gosto; usava roupas feitas dos melhores tecidos, de corte impecável e meias de seda. Todos acreditavam que ele era muito rico, pelas jóias que usava: diamantes nos anéis, que usava em todos os dedos; no relógio, na caixinha de tabaco e até na fivela dos sapatos; uma opala enorme e uma safira branca de dimensões similares a de um ovo. Frequentava todas as festas, mas ninguém nunca o via comendo carne ou bebendo vinho. Da mesma forma, ninguém nunca foi recebido por ele em sua casa.

Luis XV tinha profunda afeição pelo Conde de Saint Germain e deixou bem claro que não aceitaria nenhum tipo de comentário negativo a seu respeito. Deu-lhe uma suíte no Castelo de Chambord e muitas vezes ele passava as noites com o rei e a família real em Versailles. Em muitas reuniões com a corte falava de seu relacionamento com Cleópatra, Jesus, a Rainha de Sabá, Santa Isabel, Santa Ana, bem como falava sobre a Roma antiga, a Rússia, Turquia, China, Japão e Índia como se estivesse vivido em cada um desses locais. Conta-se que foi montado um laboratório para experiências e que um grupo de homens estudiosos estava sempre frequentando o castelo e aprendendo com o Conde a arte das ciências ocultas, juntamente com o rei Luis XV.

Era comum que entrasse nos aposentos do rei sem usar a porta, simplesmente aparecendo e desaparecendo com facilidade. Muitas vezes estava em vários países no mesmo dia e, através da correspondência entre as condessas e marquesas, ficou comprovado que em um turno estava almoçando ou tomando chá com uma delas em um determinado local e, em outro turno, já estava em outro ponto muito distante, em uma época onde ainda não existiam trens, navios ou aviões.

O Conde possuía dons incomuns, tais como: realizava pinturas a óleo, com uma cor peculiar que dava aos quadros um brilho magnífico; escrevia simultaneamente com as duas mãos sobre assuntos diferentes, ou mesmo copiava vinte versos de um poema com as duas mãos em folhas diferentes e ambas pareciam cópia uma da outra; tocava diversos instrumentos e compunha peças musicais. É conhecida uma ária da pequena ópera "L'Inconstanza Deluza (A Pérfida Inconstância), composta no estilo rococó. Esta obra começa com as notas tonais do Mestre Saint Germain - Dó-Fá – da quinta oitava do teclado. Fala-se, também, de uma partitura escrita para harpa, que foi encadernada em marroquim vermelho e que foi dedicada à Condessa Ostermann, por volta de 1760. Esta partitura teria sido comprada por M. Pyliaeff, que acabou oferecendo-a algum tempo depois ao compositor Tchaikowsky. Na biblioteca do castelo de Raudnitz, na Boêmia, encontra-se um livro de músicas compostas por Saint Germain. A única obra escrita pelo Conde de Saint Germain, encontrada até hoje, chama-se

"La Très Sainte Trinosophie" (A Santíssima Trinosofia), a qual é considerada importantíssima para os estudiosos das ciências ocultas e da maçonaria. É uma obra de noventa e seis folhas escritas só de um lado e várias figuras bem desenhadas e com cores brilhantes. Ao longo do texto estão espalhadas também algumas letras, palavras e frases em línguas antigas, bem como símbolos, hieróglifos e códigos criptografados. Sabe-se que o Conde criou e pertencia a uma Ordem Secreta Maçônica e o manuscrito parece ser relacionado aos passos que os discípulos desta Ordem deveriam seguir. Seu conteúdo é bastante simbólico e, sem dúvida, não é para principiantes. Parece que seu significado deve ser interpretado segundo três chaves: a Alquimia, o Cabalismo Essênio e o Hermetismo Alexandrino, dos egípcios. Um maçom, conhecido como conde Alessandro Cagliostro levou consigo uma cópia deste livro em sua viagem para Roma, quando foi aprisionado em um castelo, devido à Inquisição; o manuscrito foi levado, caindo mais tarde nas mãos de um general de Napoleão. Depois disso, a obra foi comprada pela Biblioteca de Troyes, onde está atualmente.

O Conde de Saint Germain também tinha uma excelente memória e era capaz de registrar textos inteiros após um breve olhar. Falava diversas línguas como alemão, francês, português, inglês, espanhol, italiano, latim, árabe, chinês, hebraico, caldeu, sírio, sânscrito e muitos dialetos orientais, além de ler a escrita cuneiforme e os hieróglifos gregos, com total perfeição. Além disso, era clarividente, clariaudiente e viajava etérica e astralmente. Às vezes ficava sem ser visto por três dias e entrava em transe profundo. De acordo com o historiador vienense Franz Gräffer, durante uma conversa com ele e com o Barão Linden, o Conde ficou sério e rígido e seus olhos ficaram sem brilho. Logo em seguida, reanimou-se e ergueu-se, dizendo em alemão: *"Estou saindo, me verão uma vez mais amanhã. Precisam de mim em Constantinopla e logo depois na Inglaterra, para preparar os inventos que serão muito importantes no próximo século: trens e navios a vapor. No final deste século eu devo desaparecer da Europa e me transportar para a região dos Himalaias. Em oitenta e cinco anos exatos, as pessoas me terão de novo diante de seus olhos. Adeus, eu os amo".*

Todos especulavam a procedência de sua fortuna; para um Adepto ou Ascensionado, a precipitação é tão simples quanto o pensamento para o homem; basta desejar e está manifestado o objeto desejado, diretamente do Grande Reservatório Universal. O Conde precipitava tudo aquilo de que necessitava para impressionar e conquistar a confiança da corte européia. Em uma ocasião, pegou uma moeda de doze centavos de Jaques Casanova de Saingalt e a expôs a uma chama, até que esta se tornou vermelha. Depois de fria, o Conde a entregou a Casanova e esta havia se transformado em uma moeda de ouro puro. Em outra ocasião, o rei Luis XV entregou-lhe um diamante que continha uma ranhura que diminuía muito seu valor comercial, pedindo ao Conde que eliminasse tal ranhura; Saint Germain entregou o diamante de volta ao rei, após um mês, livre de qualquer impureza. Luis XV levou-o ao ourives e constatou que era o mesmo diamante, mas que milagrosamente não continha nenhuma imperfeição. Em 1763, Graf Karl Cobenzl relata que viu o Conde transmutar ferro em um metal tão belo como o ouro; viu também o tingimento de sedas e de lãs com uma qualidade superior a existente na época, o tingimento de madeira com cores brilhantes, a criação de cores brilhantes para pintura, entre outras coisas.

Outra maravilha do Conde era a perfeita conservação de sua aparência física, pois permaneceu por mais de cinquenta anos convivendo com a corte europeia sem envelhecer um dia sequer. Madame de Pompadour conta que uma amiga conversou com ele quando tinha vinte e cinco anos em uma festa em Veneza e que depois voltou a encontrá-lo cinquenta anos mais tarde em outra recepção, e que o Conde estava exatamente igual, enquanto ela tinha setenta e cinco anos. Impressionada, achou que era filho do Conde e ficou surpresa ao saber que era o próprio, quando este lhe revelou o que haviam conversando naquela noite, cinquenta anos antes. Por isso, era também atribuído ao Conde o conhecimento da fórmula ou elixir da juventude, além da fama de alquimista que ele já possuía. O Conde de Saint Germain ofereceu à madame Von Georgy um elixir que a manteve por vinte e cinco anos com a mesma aparência.

É importante não confundir o Conde de Saint Germain com a família francesa de Saint Germain, da qual descendia o Conde Robert de Saint Germain. Este último ingressou no serviço militar francês e virou ministro da guerra no reinado de Luis XVI; muitas vezes ele foi confundido com Saint Germain, em função do nome, e ao Conde foram atribuídos alguns feitos negativos que não foram seus, mas sim do Conde Robert.

O Conde de Saint Germain conheceu e conviveu com muitas pessoas ilustres, mantendo com estes um relacionamento de amizade e exercendo uma influência importante sobre estes homens. Relata-se que de 1737 a 1742 esteve na corte do Xá da Pérsia; em 1745 esteve na Inglaterra, durante a Revolução Jacobina e depois foi para Viena, onde ficou até 1755. No mesmo ano esteve na Índia pela segunda vez e em 1757 foi para Paris. Em 1760, Luis XV enviou o Conde de Saint Germain para Haia, em missão política (no Museu Britânico estão as partituras de músicas compostas pelo Conde, datadas de 1745 e 1760, as duas vezes em que esteve na Inglaterra). Em 1763 esteve na Rússia e depois em Berlim; em 1770 estava em Leghorn quando a frota russa passou; em 1773 esteve em Mântua; voltou novamente a Haia em 1774, após a morte de Luis XV e foi para Schwalbach em 1774. Desse ano até 1776 viveu em Triesdorf, depois Leipzig e por fim em Dresden. Depois, em 1779, esteve em Hamburgo e de lá manteve contato com o Príncipe Karl de Hesse, estabelecendo uma amizade duradoura.

Noticiou-se a morte do Conde em 27 de fevereiro de 1784; no entanto, nunca foi encontrada uma tumba ou lápide com o nome do Conde. Sobre isso, Helena Blavatsky comenta o fato de um homem da notoriedade do Conde de Saint Germain ter sido enterrado sem pompa e cerimônia, sem supervisão oficial e sem nenhum registro policial, que sempre está presente nos funerais de pessoas importantes. Não há nenhum documento que mostre qualquer registro sobre a morte ou funeral do Conde. Além disso, ele foi visto muitas vezes depois do ano de 1784, como em uma conferência com a Rainha Catarina da Rússia; com a princesa Lamballe, antes de ela ser decapitada; com Jeanne Dubarry, amante do rei, em 1793; com o Conde de Chalons em Veneza em 1788 e também em 1920 com o bispo Leadbeater, em Roma. Depois, em 1931, com Guy Ballard e sua esposa, fundadores do Movimento do Eu Sou, nos Estados Unidos. Certamente que a morte do Conde de Saint Germain permanece um grande mistério, pois ele nunca morreu, da mesma forma que nunca nasceu. Quando um Ascensionado decide retirar-se do cenário físico, pode simplesmente dissolver seu corpo físico, manifestando-se no corpo de luz, que é seu verdadeiro corpo, retornando ao plano dos Ascensionados. Sem compreender claramente essa situação os membros da corte referiam-se ao Conde como "o homem que nunca morre".

O objetivo do Mestre Saint Germain era tentar convencer os Reis e pessoas influentes da época a mudarem a forma de governo, de uma monarquia absolutista para uma nova forma de dirigir a nação e o povo; sua meta era construir uma Europa unificada. Com a morte de Luis XV e com Luis XVI assumindo o reinado, Saint Germain tentou influenciá-lo e teve várias conversas com ele, com a rainha e com outros que faziam parte da nobreza. Alertou-os sobre o que estava por vir, tentando fazer com que mudassem e prestassem mais atenção nas necessidades do povo. No entanto, esse objetivo não foi alcançado e Saint Germain deixou os homens à sua própria sorte. O livre-arbítrio dos homens foi responsável pela sangrenta Revolução Francesa, onde o povo tomou o poder à força e foi responsável pela morte de muitos nobres. O Mestre podia influenciar, mas não podia determinar, visto que o livre-arbítrio humano não pode ser desrespeitado.

Antes de a revolução acontecer, Saint Germain já tinha se retirado do cenário europeu e voltado a sua atenção à América do Norte, na época, colônia inglesa; eram treze colônias que precisavam de união para enfrentar seu opressor. Sempre interessado na causa da liberdade, Saint Germain auxiliou um grupo de homens, liderados por George Washington, na luta pela independência dos Estados Unidos. Este grupo de homens estava ligado à Ordem Franco-Maçônica, a qual o Mestre havia anteriormente criado, em sua encarnação como Francis Bacon. George Washington foi dirigido diretamente pelo Mestre, pela ligação cármica que os unia ao longo de várias encarnações. Os ideais de liberdade e de democracia eram os estandartes levantados pelo Mestre e por Washington, e a proposta da nova Nação era tornar-se um exemplo de tais virtudes para o mundo.

Em seu discurso inaugural, como primeiro presidente dos Estados Unidos da América, George Washington disse: *"Nenhum povo é capaz de melhor reconhecer e adorar a Mão Invisível que conduz o destino dos homens do que o povo dos Estados Unidos"*. Em pouco tempo, a nova nação cresceu e se transformou de uma pequena comunidade pré-industrial em uma potência econômica e tecnológica, revelando-se como uma terra de liberdade política e religiosa e mostrando-se como um ideal a ser perseguido pelo resto mundo. No início foi assim, mas depois os homens usaram seu livre-arbítrio do jeito que quiseram e, como em todas as demais nações, o poder pessoal de seus dirigentes desviou a nação de seu verdadeiro propósito. Washington retornou em mais uma encarnação, como Guy Ballard, e reafirmou seu contato com o Mestre Saint Germain, servindo-o na Grande Obra da Liberdade. Recebeu muitas instruções do Mestre, no início do século XX, as quais transcreveu e publicou em forma de livros. Estes são a base dos Ensinamentos da Nova Era e foram editados em 1932, acompanhados da criação de um grupo chamado "Atividade do Eu Sou" ou "I Am Actvity", nos Estados Unidos.

COMES SANCTUS GERMANITAS

Esta frase está presente no idioma esotérico em diversas correntes.
Comes, Comito ou Comitor é um alto grau franco-maçônico; ***Sanctus*** é uma referência às religiões cristãs e ***Germanitas*** está relacionado à fraternidade e é a instrução de todos os ocultistas.

PRINCIPAIS ENSINAMENTOS DO MESTRE SAINT GERMAIN

PRINCIPAIS ENSINAMENTOS DO MESTRE SAINT GERMAIN

O FOGO VIOLETA

O Fogo Violeta ou Chama Violeta é um ensinamento que o Mestre Saint Germain traz a todos os homens nesta Nova Era. Muito conhecido nos Retiros dos Mestres e em algumas Ordens Secretas ao longo dos tempos, o Fogo Violeta, hoje, é divulgado em livros e oferecido aos Buscadores da Luz e da Verdade. Ele é o aspecto do Espírito Santo que corresponde ao Sétimo Raio, exatamente à vibração de Misericórdia, Perdão e Transmutação.

É uma Força Misericordiosa, presente em cada homem, que tem o poder de dissolver e consumir todo o mal, a dissonância, impureza, imperfeição, limitação, enfim, tudo que está em desarmonia e restituir toda essa energia à Perfeição Original. É uma Força de Amor, Graça, Compaixão e Misericórdia Divina que pode ser utilizada em todos os momentos, para restabelecer a harmonia, evitando a formação de novos carmas e consumindo os já existentes. Este atributo do Fogo Sagrado é, na verdade, um bálsamo universal que o homem pode usar para promover a cura integral de todo o seu ser, permitindo-lhe libertar-se de qualquer condição humana.

Essa Chama faz com que os elétrons dos corpos inferiores do homem entrem em sintonia com os da sua Presença Divina. É importante entender que entre os elétrons existe um espaço que, nos corpos do homem, está preenchido por toda dissonância que ele causou, através de sua energia pessoal. Essa dissonância provoca um retardamento do movimento dos elétrons e a vibração dos corpos torna-se baixa, pois os elétrons giram de forma mais lenta; é como se eles precisassem saltar obstáculos para fazerem seu movimento normal ao redor do núcleo dos átomos. Quando invocada pelo homem, a Chama Violeta envolve todos os seus átomos, e se estabelece uma polaridade entre o núcleo do átomo (polaridade negativa) e o núcleo de fogo branco da Chama (polaridade positiva). A dupla ação do Fogo Violeta no centro do átomo e externamente a ele cria um campo magnético que expulsa a substância impura no espaço entre os elétrons.

Os elétrons começam a girar mais rápido e lançam estas energias densas no Fogo, que as transmuta e restabelece a pureza original; por isso o Fogo Violeta é, ao mesmo tempo, acelerador e transmutador.

A Chama Violeta sublima e transmuta completamente toda imperfeição em pureza. Retira a energia densa impregnada nos elétrons, permitindo que eles retornem ao Coração de Deus, puros e perfeitos, para serem novamente utilizados. Portanto, toda energia humana que é dissolvida, consumida e transmutada pelo Fogo Violeta retorna ao Corpo Causal do próprio ser, e ele dispõe dessa reserva purificada para empregar naquilo que desejar.

Através do uso da Chama Violeta o homem pode se libertar de todo o passado, desta e de outras vidas. A necessidade do Perdão é fundamental nos tempos atuais, pois todo o homem que não perdoa ou não reconhece seus erros e não pede perdão continua preso ao passado; o apelo à Lei do Perdão é importante, pois, ao expressar esse desejo profundo, a Presença Divina em cada homem libera esse Fogo Misericordioso em seus corpos e o liberta de todas as limitações autocriadas. Um uso consciente e ritmado deste Poder Misericordioso rompe com as algemas e os grilhões do passado e permite que o homem exerça com mais consciência e liberdade o seu livre-arbítrio.

Ao invocar o Perdão sobre alguma questão, o homem deve pedir Sabedoria e Força para não repetir os mesmos erros. Quando faz uso do Perdão e da Misericórdia de Deus todos os dias, o homem vai dissolvendo aos poucos todos os registros imperfeitos que gerou ao longo das encarnações. É como se ele estivesse vestido com muitas roupas pesadas e escuras e, à medida que usa a Chama Violeta – essencialmente o Perdão e a Misericórdia – vai retirando estas roupas pesadas e ficando cada vez mais leve, límpido e puro. Ao exercer o controle de seus corpos inferiores (mental, emocional, etérico e físico), comandando-os na direção do bem e da harmonia, e ao fazer uso da Chama Violeta diariamente, limpando o passado, o processo de evolução e aperfeiçoamento vai se acelerando cada vez mais.

Quando cada homem consegue manifestar o sincero Perdão, a ordem retorna ao seu mundo e tudo é restabelecido na mais pura harmonia. O homem retira de seus corpos sutis toda a sombra do passado, libertando-se de qualquer ressentimento e devolve a estes corpos a pureza, a serenidade e a harmonia. Aquele que não consegue perdoar fica preso ao passado e mantém em sua consciência toda a imperfeição gerada; sem se dar conta, nutre esse sentimento e mantém sua vibração sempre prisioneira da mágoa, ressentimento, raiva ou orgulho. Se cada um compreendesse que tudo o que aconteceu foi ele próprio quem atraiu, ou por pensamentos e sentimentos negativos, ou ainda pelos erros do passado, aceitaria melhor os fatos e não se colocaria como vítima na situação. Assim, seria mais fácil sentir o Perdão, pois compreenderia que os erros de outrora podem ter sido reparados agora, tendo vivenciado experiências amargas e aproveitado-as para se libertar para sempre. Caso contrário, a roda do carma continua girando infinitamente; pelo menos uma das duas pessoas envolvidas precisa romper com esse processo de vítima-vilão.

O Perdão deve sempre ser exercitado em três vias: pedir Perdão a quem se possa ter ofendido ou magoado (sejam homens ou seres elementais), perdoar quem possa ter causado algum mal e se perdoar pelas culpas ou erros. É importante dissolver todos os erros cometidos pelos pensamentos, sentimentos, palavras ou atitudes contra todos os seres. Quando o uso desta energia é constante, tem o poder de construir um Manto de Invulnerabilidade ao redor de quem o sustenta, mantendo-o afastado de todas as vibrações limitantes e nocivas que existem no plano astral.

Nesta Era do Raio Violeta, é importante trabalhar com esta energia de forma rítmica, ou seja, com disciplina e constância, para que todo o mal seja consumido. O Mestre Saint Germain ensina que o uso constante e diário desta Força Misericordiosa rompe todos os laços antigos e transmuta as situações cármicas limitantes e negativas. Ao trabalhar com a Chama Violeta sob a forma de apelos, decretos, visualizações ou irradiações, as pessoas podem vê-la, senti-la ou imaginá-la; mesmo que nada seja visto ou sentido, o fato de estar sintonizado e desejoso desta vibração faz com que ela se derrame sobre os corpos dos homens e atue eficazmente, dissolvendo, consumindo e transmutando todas as impurezas. Se o homem pudesse ver, ficaria abismado com a quantidade de energias escuras e imperfeitas que são retiradas e transmutadas de suas auras enquanto usa o Fogo Violeta. Além de utilizar esta Chama em si, os homens devem expandi-la em toda a Terra, em todos os seus planos e dimensões, para colaborar com a grande purificação planetária.

A PRESENÇA DIVINA

Todos os seres humanos são essencialmente divinos, ou seja, comandados por uma Presença Divina. É a parte de Deus que habita em cada homem. Esta é a Imagem e Semelhança Divina, na qual todos os homens foram criados. Quando a Centelha Divina de todo homem foi emanada do Núcleo da Criação (Coração de Deus ou, ainda, O Grande Sol Central) e designada a percorrer seu caminho de aprendizado em algum ponto do Universo, ela é conhecida como um Ser de Fogo Branco ou Corpo de Fogo Branco.

No momento em que a Centelha se prepara para o processo de descida aos planos mais densos, cria uma Presença Individualizada, que mantém a mesma energia perfeita do Criador. Essa Presença Divina pode se dividir em duas polaridades (positiva e negativa/ masculina e feminina – não num nível sexual) ou permanecer una, mantendo as duas polaridades. A decisão é individual; no caso de divisão, dois seres terão seus processos evolutivos independentes, porém para sempre interligados. Um é parte do outro, complementos do mesmo ser e, em algum momento deverão unir-se novamente, após terem atingido seu aprendizado. Essa Presença Divina unificada (ou polarizada, tanto faz) é Deus em ação em cada indivíduo; a Fonte de toda Vida, Amor-Sabedoria, Luz, Atividade, Pureza, Paz, Verdade, Poder e Perfeição, e tudo está sempre sob a regência e comando dessa Presença maior. Quando o homem se concentra nessa Presença e dá poder para que Ela atue, ou seja, alinha o seu pensamento, palavra, sentimento e atitude com a energia divina, todas estas bênçãos divinas se derramam sobre si. Dessa forma, quando o ser humano se entrega a essa Presença, sua vida passa a ser guiada por total Pureza e Perfeição, e quanto menos ele interfere como personalidade mais perfeitamente sua vida é dirigida.

A entrega constante dos problemas e dificuldades do cotidiano à Presença Eu Sou é a única forma de dissolver e transformar isso em harmonia e pureza. Deus realiza todas as curas e milagres, e a Presença Divina é Deus em ação em cada homem. Ao submeter todo tipo de imperfeição ao Deus interno, invocando o retorno da harmonia, o homem necessita tirar o foco de sua atenção das limitações e colocá-lo na atuação perfeita do seu Deus interno. Quanto mais foco e concentração no problema e na dificuldade, mais força é dada a ele e mais ele se amplia; portanto, concentrar a atenção na resolução, na saída, na luz, no amor, na prosperidade é dar poder ao Deus que existe dentro de si e permitir que Ele atue. O homem ainda está impregnado de padrões mentais e emocionais negativos, que o limitam; padrões antigos que vêm registrados em seus corpos sutis, como registros cármicos e padrões novos que são criados pela família, escola, religião, cultura, sociedade e outras fontes. No momento em que há uma profunda reflexão e questionamento acerca destes padrões impregnados e surge a consciência plena de que estes são limitantes, destrutivos e que só causam estagnação e involução, a luz resplandece no corpo mental e a mudança se processa. Somente assim o homem enxerga que é possível conectar-se com Deus em seu coração e abre as portas para que Ele irrompa e conduza tudo com seu Amor, Poder e Inteligência Divina.

A Presença Divina não se engana, não erra, não conhece limites, nem gera o mal; tem uma visão ampla de todo o Plano Divino de cada ser humano, pois sempre fez parte dele e sempre o fará. Desta forma, conhece o melhor caminho para a evolução de cada um e deseja que a meta seja alcançada. Enquanto isso, o ego, a personalidade humana, tem uma visão limitada do aqui e do agora, sem ter noção do que já fez no passado ou da direção que deve seguir no futuro.

Quando Deus se apresentou a Moisés, Ele disse: *EU SOU O QUE EU SOU*; portanto, a essência de Deus em cada homem é esta e flui através dele em todos os momentos. Dessa forma, qualquer indivíduo reconhece-se como um ser individualizado em cada parte do Universo quando em pensamento ou palavra diz "EU SOU" e percebe assim sua própria Divindade. Daí a importância de qualificar a energia do pensamento, da palavra, do sentimento ou da ação de forma positiva. Todo homem entra em sintonia diariamente com sua Presença Divina sempre que pensa, sente ou diz: eu sou, eu posso, eu tenho. Cada vez que isso acontece, Deus atua através do homem, derramando-lhe todas as bênçãos; já quando o homem utiliza esse potencial de forma limitante e negativa, Deus não reconhece a imperfeição, portanto não atua; mas a sua energia vai sendo moldada e empregada pelo homem, conforme seus desígnios. As portas a esta Presença Divina vão sendo fechadas pelo próprio livre-arbítrio do homem e ele vai criando todo tipo de limitações ao seu redor. Literalmente, cada um impede a Força, o Amor, a Abundância, a Pureza e a Luz Divina de se manifestarem em suas vidas pelo mau uso da energia do pensamento, sentimento, palavra e ação. Se houvesse uma atenção redobrada em relação a tudo aquilo que é criado pelo homem, ele procuraria entrar em sintonia com este Deus interno e não desperdiçaria mais esse potencial em criações negativas. Para inverter esse fluxo, é necessário manter a harmonia mental e emocional e alinhar-se constantemente com sua Presença

Divina, invocando-A e permitindo que Ela atue. Assim, o mundo humano será coberto de abundância e felicidade.

A energia que flui do Coração da Presença Divina se derrama pelo chamado cordão-de-prata aos corpos inferiores do homem. O cordão-de-prata é o fio da vida, também conhecido como *sutratma*, que une a Presença Divina ao homem. Está divido em três partes: um canal interior e outros dois que o revestem. Esse canal central emana a energia de Amor, seja o que vem da Divindade ou o que é dirigido a ela; o primeiro que o reveste contém a energia acumulada em suas atividades e o aprendizado nos Sete Raios, e pelo último canal flui a energia cármica, que acaba retornando ao homem pelo chacra da nuca (um chacra considerado secundário). No homem comum, esse cordão-de-prata é da espessura de um fio de cabelo, e no homem mais evoluído pode se transformar num Tubo de Luz. No momento do desencarne, esse "cordão" é retirado do corpo físico permanecendo conectado por algum tempo com o corpo etérico, até que este se dissolva. Este fio fica conectado à alma do homem. Este fluxo de energia vital que flui da Presença Divina é sempre puro e harmonioso; no entanto, quando este a recebe, requalifica-a através do seu pensamento e sentimento do jeito que quiser, podendo ser aprisionada, corrompida e empregada de forma a criar imperfeições e negatividade, de acordo com o livre-arbítrio do homem. Tem início então a criação de conflitos, limites, problemas, doenças, etc. É o homem criando tudo isso a partir da energia de Deus. Até que ele se dê conta disso e retorne à Perfeição, muita coisa negativa já foi criada e precisará ser dissolvida.

Se o homem se concentra no poder do Deus que habita dentro de si e não dá poder a mais nada, estará absolutamente centrado e protegido pela Divindade, impedindo a manifestação de qualquer situação negativa ou limitante em sua vida. Acreditar no Deus interno, confiar em seu Poder e permitir que Ele atue é a chave que liberta o homem de todas as condições inferiores. Por isso, não se deve dar poder a nada que seja externo e sim buscar todas as respostas no seu interior, ligando-se novamente a essa Presença Divina que habita em seu coração. Não é necessário nenhum intermediário entre a personalidade e a Divindade, pois cada vez que ele silencia o eu exterior e mergulha nas profundezas de seu coração, entra em contato com essa Presença Mágica de pureza e de perfeição. Para isso, é necessário desenvolver o hábito da meditação, da concentração, do silêncio e do mergulho interno, ao invés da busca constante de respostas do lado de fora. Deus está presente em cada homem e é o único que pode orientá-lo da melhor maneira possível. Nem todos conseguem acessar sua Presença Divina, pois não estão acostumados a silenciar e a buscar esse retiro interno, discernindo a Voz da Presença. Esse processo deve ser estimulado em cada homem, para que cada um seja seu próprio conselheiro e Mestre. Mesmo que as respostas não surjam de imediato, é necessário continuar entrando em sintonia com a Presença, até que a compreensão surja; afinal, o homem está tão afastado desse Deus interno que não pode esperar que o contato seja restabelecido em uma única tentativa.

O Mestre Jesus dizia: *"Não podeis servir a dois senhores"*; estes dois senhores são a Presença de Deus e o ego pessoal, a personalidade humana. O que um deseja sempre é diferente do que o outro quer. Aquilo que o eu-personalidade deseja normalmente é diferente do que a Presença Divina requer, pois a personalidade é separatista, egocêntrica, egoísta e identificada com o mundo material, buscando sempre reconhecimento pessoal, poder e glória, enquanto que a Presença Eu Sou é inclusiva, amorosa, deseja compartilhar, unificar e está presente em todos os seres, portanto é Una. O homem precisa escolher a qual dos dois senhores deseja servir e uma vez que busque servir à Presença Divina, pouco a pouco sua personalidade vai se transformando em um instrumento dessa Presença. A necessidade de poder e reconhecimento pessoal vão desaparecendo e o indivíduo evolui.

Manter a atenção vigilante sobre o ego pessoal é exigência de todo verdadeiro Buscador da Luz e procurar sintonizá-lo com esta Presença Edificante é o caminho da libertação. Cada vez que o homem se entrega à sua Presença Divina, pedindo-lhe que o conduza e não oferecendo resistência a esta direção, a Perfeição começa a fluir. O homem precisa abandonar a tentativa de controle e poder que a sua personalidade experimenta em relação a todas as coisas; deixar-se guiar a favor da correnteza das águas divinas é o melhor caminho a ser percorrido.

É fundamental estar sempre atento ao seu ego pessoal e ao ego das outras pessoas e toda vez que se perceber a tentativa de enaltecimento, vaidade, orgulho, domínio, prepotência e poder pessoal, este ego deve ser trabalhado e lapidado. Identificados com o mundo material, os homens valorizam o poder do ego e os bens materiais, tais como dinheiro, profissão, *status* pessoal, roupas, carros e outros. No entanto, o homem que está no caminho espiritual não está isento do seu ego pessoal e será tentado tanto quanto o homem comum (na verdade, até mais). O homem espiritualizado tem outros valores e outras buscas pessoais que, de alguma forma, também podem fortalecer-lhe o ego e despertar vaidade e orgulho espiritual, por exemplo: a capacidade de ver espíritos, auras, Anjos, Mestres e outras coisas; a capacidade de ouvir instruções, vozes, canalizações, psicografias, orientações ou algo assim. Diante de pessoas assim, naturalmente o homem que busca auxílio espiritual reconhece nele algum tipo de poder que ainda não tem, e tem a tendência a se entregar completamente a esta pessoa. Eis aí o grande perigo, tanto para um, quanto para o outro; manipular e ser manipulado, controlar e depender são características do ego.

O verdadeiro Buscador da Luz sabe que todas as pessoas precisam ser estimuladas a buscar a cura, a resposta, o verdadeiro auxílio dentro de si, com seu próprio Deus interno e, temporariamente, pode até auxiliar o outro, mas sempre estimulando-o a andar com seus próprios pés e buscar a comunhão perfeita com o Deus que habita em seu coração. Qualquer coisa diferente disso pode ser a necessidade do ego querendo ter poder, glória, sucesso, fama, *status* e valorização.

Uma das coisas mais importantes que o homem precisa fazer diariamente é agradecer a sua Presença Divina, amando-a sobre todas as coisas. O homem emprega seu tempo em centenas de coisas diferentes no seu dia-a-dia, mas esquece de dedicar-se pelo menos durante alguns minutos à sua Presença Divina, que é quem lhe permite desfrutar da vida e de tudo o que ela pode lhe oferecer. Portanto, reconhecer e adorar seu Deus interno diariamente, agradecendo-Lhe sua dirigência superior, é tarefa fundamental que deveria ser estimulada e praticada por todos os homens. Todos os Ascensionados reverenciam e adoram sua Presença Divina constantemente, pois reconhecem Deus agindo em cada um deles; depois, esse Amor é estendido a todas as pessoas e seres.

Se Deus é perfeição e este Deus flui através de todos os homens diariamente, a tarefa de cada homem é alinhar a sua personalidade com esta energia perfeita, sintonizando seu pensamento, sentimento e palavra com esta Presença Radiante.

A ALQUIMIA E A PRECIPITAÇÃO

Saint Germain vem ensinar a todos a arte da alquimia. Há centenas de anos o homem busca realizar esta mágica; no entanto, a ideia de transformar um simples metal em ouro transformou-se numa obsessão materialista da humanidade e poucos foram os que entenderam o verdadeiro significado da alquimia. Com esta proposta, que é metafórica, a transformação do simples metal ou de metais menos nobres em ouro, podemos entender a nossa própria transformação, a natureza inferior dos pensamentos e sentimentos humanos, no homem dourado, o ser perfeito e puro, que manifesta amor, luz e harmonia; o próprio Deus se manifestando na Terra.

Para que a alquimia seja realizada e a criação torne-se real, é necessário que o homem compreenda que ele precisa se ligar ao seu Deus interno, o verdadeiro Criador e o único capaz de realizar a alquimia. Para tanto, é necessária uma comunhão com seu Eu Divino e tornar-se instrumento da atuação de Deus em sua vida. Assim, cada um pode sentir a inspiração criativa de Deus e torná-la real, no mundo físico.

Quando for plenamente compreendido pelo homem que Deus se manifesta nele e que, diariamente, irradia bênçãos, harmonia, amor, luz, poder criativo, paz, pureza e todo tipo de energia positiva em seus corpos, o homem entrará em sintonia com esse Deus interno e permitirá que Ele realize os milagres. O que acontece hoje é que, através do livre-arbítrio humano, os homens optam por nutrir pensamentos, sentimentos, palavras e ações negativas e dissonantes, constantemente em seu dia-a-dia. Desta forma, é impossível absorver a pureza e a perfeição que vem de Deus, a não ser que haja uma mudança radical nos padrões mentais, emocionais e de conduta do homem. A chave deste grande mistério é muito simples; se o homem gerar somente pensamentos, sentimentos, palavras e atitudes positivas e construtivas, em pouco tempo ele alinhará a energia de sua personalidade com a verdadeira energia que pulsa no centro de seu coração: Deus desejando manifestar toda a sua glória e perfeição. Quando isso começa a acontecer, o processo alquímico está em pleno desenvolvimento e a natureza inferior começa a dar espaço à natureza divina; surgem as materializações, as curas, os milagres, a harmonia, a abundância, a criatividade, a manifestação plena do Reino de Deus.

No momento em que o processo criativo se desenvolve, é importante que se tenha consciência do termo "Faça-se a luz" ou "Haja Luz"; este é um *Fiat* ("faça-se!","cumpra-se!","manifeste-se!")ou decreto de suma importância para a precipitação (materialização) de qualquer forma. A Luz contém a essência de toda a Criação. É necessário ter em mente a imagem do que se deseja criar, com todos os detalhes possíveis, concentrar sua energia nesse ideal com ritmo constante e confiar na realização deste projeto. Surge um novo *fiat* ou decreto que pode ser, então, traduzido como: "Está concluído!"

Deve-se acreditar totalmente na realização do ideal e vê-lo como já existente, pois esta é a condição necessária para que os elementais e construtores de forma atuem e comecem a realizar a obra. Da mesma forma, é importante saber que Deus sempre é o verdadeiro e único Autor da obra, pois é a Sua energia que opera em toda a criação. O homem é apenas um instrumento para que estes poderes divinos se manifestem. O silêncio é outra condição importante, pois ele carrega a forma mental com força e concentração, selando a criação. Falar a respeito da criação é desperdiçar energia e dissipar o poder criativo; portanto, manter a obra em segredo é o mais indicado, inclusive para não haver interferências mentais ou emocionais de outros indivíduos.

No momento em que se deseja criar qualquer coisa é necessário perceber a real utilidade daquilo, observando se é algo realmente necessário. Existe uma diferença essencial entre **utilidade, desejo** e **apetite**: a **utilidade** é a realização da Lei Universal do Serviço; o **desejo** é a atividade de Deus se expandindo e se manifestando perfeitamente e o **apetite** é um hábito criado pela satisfação dos instintos e consiste em energia concentrada por sugestões do mundo externo. É importante que você avalie se aquilo que deseja é realmente útil ou se é mera satisfação dos apetites humanos. O processo de precipitação pode ser desenvolvido em relação a qualquer coisa, desde que cumpra os requisitos citados, devendo-se observar sempre a intenção por trás do objeto de conquista. A verdadeira precipitação é Atributo e Poder da Visão de Deus, atuando no mental do homem e sustentando a imagem na consciência. A capacidade de ver e o poder criativo são o seu Deus Interno, ou seja, sua Presença Divina se manifestando. É necessário que os Buscadores da Luz sempre tenham consciência de que, no decorrer de todo o processo de precipitação, são instrumentos de Deus. Deus atua através de cada homem, e a consciência e o reconhecimento disto são fundamentais. Todo dom, capacidade, habilidade, talento, enfim, é doado por Deus.

Afaste a ideia da personalidade como doadora ou supridora, pois somente a Presença Divina em cada homem tem esse Poder. Se o homem julga que seus talentos pertencem à personalidade humana, corre o risco de se desviar do caminho. Se acredita que pode precipitar tudo o que desejar, sem reconhecer Deus atuando no processo e atribuindo suas conquistas ao ego, ao eu inferior, e sem reconhecer Deus atuando no processo a possibilidade de desvio no caminho espiritual é muito grande, pois aquele que se enaltece no poder pessoal pode transformar-se num ser prepotente, arrogante, egocêntrico, fazendo questão de mostrar suas capacidades. No verdadeiro caminho espiritual, a humildade é uma das características marcantes; o verdadeiro aspirante ou discípulo é aquele que sabe que é um mero instrumento de Deus, não tendo necessidade de se envaidecer diante dos demais, ao passo que aquele que está identificado com o ego tem essa necessidade constante.

Se a intenção é edificante e positiva e o homem reconhece a Divindade atuando permanentemente, o êxito é garantido; só não o será se o homem não estiver suficientemente harmonizado e com a sua consciência focalizada no nível mais elevado. Quando o homem coloca seu pensamento e sentimento em ação, acaba atraindo para o mundo das formas esta criação. Esta é uma lei infalível, pois não se pode desejar nada sem que isso se manifeste em alguma parte do Universo; por isso, muito cuidado com aquilo que se deseja, pois estará sendo criado em algum plano.

O pensamento sozinho não tem o poder de criar formas, mas quando ele é revestido com algum tipo de sentimento, esse poder criativo começa a agir. Quando mais intenso for o sentimento e a concentração no objetivo, mais rápido o desejo pode se manifestar. É necessária uma vigilância constante sobre os pensamentos e sentimentos, visto que eles são investidos de tamanho poder criador. Por mais que o homem não dê importância ou não acredite nessa verdade, ela é a Lei que se manifesta independentemente do homem acreditar ou não. *"Orai e vigiai"* dizia o Mestre Jesus, justamente mostrando a necessidade de estar alerta para aquilo que cada um nutre em seus corpos, pois está criando alguma coisa. É muito mais fácil se alinhar aos pensamentos e sentimentos negativos, pois a massa da humanidade vibra nessa frequência e alimenta constantemente essa energia. Para fugir disso, cada indivíduo precisa ter consciência de seus pensamentos e sentimentos, corrigindo-os sempre que eles tiverem em sintonia com o negativo ou limitante e redirecionando-os à Luz. Isso significa buscar a sintonia constante com a Presença Divina que habita em cada homem, pedindo que Ela o comande.

Todo pensamento associado a um sentimento, seja positivo ou negativo, é impresso na matéria, ou seja, nas células de cada pessoa. Assim, pensamentos e sentimentos negativos provocam doenças e limitações. Portanto, cada homem também é responsável por tudo aquilo que cria em seu corpo físico; a degeneração das células, o envelhecimento e as impurezas do corpo são resultado de toda discórdia criada pelo próprio homem ao se desviar da Lei da Harmonia e do Amor.

Cada homem funciona como uma estação de rádio que recebe e emite frequências de todos os tipos, sendo que estas frequências são criadas a todo o momento pelos pensamentos e sentimentos. A associação de ambos cria uma forma-pensamento e esta forma é nutrida cada vez que o indivíduo pensa e sente novamente a mesma coisa. De tanto nutrir a forma-pensamento ela acaba se manifestando no plano físico, ou seja, cada ser humano é responsável por aquilo que atrai para seu mundo, visto que é ele mesmo quem cria tais condições, associando-se a formas-pensamentos já existentes ou criando novas. Se o homem deseja criar formas belas e perfeitas, basta sintonizar a sua estação de rádio (seu mental e emocional) em frequências mais elevadas, ou seja, em total alinhamento com sua Presença Divina.

O homem deve manter a sua atenção e o seu foco naquilo que deseja concretizar e não naquilo que não deseja atrair ou naquilo que teme. Cada vez que concentra sua atenção, quer seja pensando, sentindo ou falando sobre aquilo que teme ou que não quer, está dando poder a essa energia e alimentando-a. Dessa forma, querendo ou não, acaba se sintonizando com essa energia e a atrai.

O PODER DA PALAVRA E DO RITMO PARA REALIZAR MUDANÇAS

As afirmações ou decretos são poderosas forças colocadas em ação, e mesmo que o homem não veja seu resultado se manifestando imediatamente, deve continuar repetindo esses mantras com total confiança no poder que eles ativam. Quando uma pessoa repete as afirmações, está aceitando a Verdade Divina contida naquelas palavras e isso leva o seu mental a concentrar-se nessa atividade, provocando uma aceitação plena em seus sentimentos. Através da concentração e da palavra falada, a atividade começa a manifestar-se. Toda afirmação, decreto ou mantra carregam um poder enorme e, em todos os tempos e idiomas, vêm sendo praticados pelos homens sábios.

Um decreto é uma ordem dada em voz alta em nome da Presença Divina, para que a Vontade de Deus seja manifestada; uma maneira de manifestar toda a Perfeição de Deus na Terra. Todo decreto atrai a manifestação da Luz Divina, a atenção de Seres de Luz, a assistência de anjos e devas e auxilia o homem a manter sua consciência focalizada no Alto. É uma oportunidade de modificar a vibração gerada pelo mau uso da palavra.

É importante que os decretos e afirmações sejam feitos com concentração, procurando sintonizar o pensamento e o sentimento e direcioná-los juntamente com a força das palavras. Ao fazer os decretos, o homem pode visualizar uma luz saindo de sua garganta, de seu coração e de sua cabeça e se direcionando para o Alto.

Todas as grandes afirmações ou decretos que Jesus pronunciou durante seu ministério continham as palavras "EU SOU", pois ele já era consciente da Presença de Deus atuando e manifestando-se através do seu eu. Em seu processo de desenvolvimento, Jesus foi se entregando ao Deus Interno, até que passou a ser dirigido por Ele. As principais afirmações que ele fez podem ser utilizadas por qualquer homem, ativando as mesmas forças que na época foram invocadas: *"EU SOU a Ressurreição e a Vida"*, *"EU SOU a Porta Aberta que homem algum pode fechar"*, *"EU SOU o Caminho, a Verdade e a Vida"*, *"EU SOU a Luz do*

Mundo". A afirmação *"EU SOU a Ressurreição e a Vida"* tem o poder de ajustar toda condição limitante e imperfeita, provocando uma ascensão dessa energia e conduzindo-a a um patamar de pureza e perfeição, por isso deve ser proferida constantemente, em qualquer situação dissonante.

Utilize-as e verá que sua vida se transforma a partir do momento em que você entrega o comando de sua vida ao Deus que habita em você.

As afirmações e os decretos também podem fazer parte das práticas ritualísticas. Como o Raio Violeta é o Raio da Ordem, do Cerimonial e do Ritmo, e a Era que se inicia é regida por este Raio, nada melhor do que entrar em sintonia com este tipo de trabalho que pode ser muito útil ao planeta Terra. O homem pode dar uma contribuição valiosíssima ao planeta quando concentra e expande suas energias de Luz e de Amor na prática do Cerimonial. É o momento de utilizar o seu pensamento, a sua palavra, os seus sentimentos e suas ações completamente focalizados no propósito de servir à Vida.

Além das afirmações ou decretos, existem também as invocações ou apelos que são um pedido, uma súplica a Deus ou aos Seres de Luz para que auxiliem e intercedam em favor dos homens, derramando tudo aquilo que está sendo solicitado. O homem deve fazer uso constante de invocações e de decretos, seja individualmente ou em grupos; na Era atual é estimulado o trabalho em grupos, pois o poder gerado pelos decretos, apelos, visualizações criativas e meditações é multiplicado. Durante o Serviço Divino em grupos, bênçãos de todo tipo são derramadas através dos homens que estão concentrados neste serviço prestado, e estes servem de intermediários entre a energia perfeita de Luz e Amor e o mundo externo, com seus conflitos e impurezas. Os Mestres habitam um plano de absoluta Luz e Perfeição e, quando necessitam atuar em planos mais densos, precisam rebaixar muito sua frequência vibratória, o que acaba gerando uma espécie de desperdício de energia. Por isso, pedem aos homens despertos e devotados que sirvam de canais ou instrumentos para que Suas Irradiações sejam absorvidas e expandidas por estes homens.

Cada aspirante à Luz e ao serviço da Hierarquia Espiritual já deverá estar se trabalhando internamente, disciplinando sua personalidade, procurando manter no seu dia-a-dia uma energia mais pura e corpos mais harmonizados. Assim, o seu trabalho ritualístico ficará potencializado e a energia dele resultante será mais intensa, promovendo uma elevação maior de sua frequência vibratória. Assim, acaba acontecendo a mágica: semelhante atrai semelhante, o homem harmonizado e elevado sintoniza-se com a frequência dos Mestres e estes distribuem as bênçãos que fluem de seus Mantos Eletrônicos. Lembre-se da frase: *"Quando o discípulo está pronto, o Mestre aparece"*; na verdade, o discípulo sobe de frequência, por isto consegue sintonizar-se com o Mestre, e Ele literalmente aparece. É importante ressaltar que o serviço ritualístico deve sempre ser direcionado a todo planeta Terra e a todos os seres que estão em evolução nele. Lembre-se de que o seu propósito é Servir.*

*Para conhecer uma sugestão de serviço ritualístico, consulte o livro **Eu Sou Eternamente Livre**, desta editora.

OUTROS ENSINAMENTOS IMPORTANTES

- **Vibração dos Mestres** - Os Ascensionados elevaram as vibrações de todos os seus corpos, inclusive os elétrons que compunham seu corpo físico. Por isso, se for necessário, um Ascensionado pode criar um novo corpo físico e se manifestar no plano material, para realizar alguma atividade importante. No entanto, nenhum Mestre Ascensionado pode se incorporar em um homem; se isso acontecesse, o homem explodiria devido à diferença vibracional entre a sua aura e a do Mestre. O máximo que pode acontecer é o Mestre irradiar sua vibração pessoal através de um Raio de Luz e de Som até o homem e para isso ele precisa estar bem adiantando no caminho espiritual, possuindo um elevado nível de pureza em seus corpos inferiores.

- **Ascensão** - A ascensão do homem deve acontecer na matéria (no plano físico). As ascensões precisam ser sempre realizadas no corpo físico, por isso é necessário que o homem se reencarne até alcançar a libertação da roda do carma. No plano astral superior efetivamente não há uma libertação, mas sim uma preparação para a nova encarnação, dando condições à alma para que depois de encarnada exercite os ensinamentos que recebeu antes do processo encarnatório e dê um passo à frente na sua evolução. Até mesmo um santo precisa retornar ao corpo físico para alcançar a ascensão, pois necessariamente ele não é um Ascensionado.

- **Hipnose** - O homem jamais deveria se deixar hipnotizar ou ficar em transe de qualquer tipo, pois nestas condições há uma ausência de livre-arbítrio, ou seja, aquela consciência está totalmente entregue a outro ser. A única entrega que pode ser feita é a entrega à própria Consciência Divina – a Divina Presença em cada um. Jamais dê poder a outro homem ou a outra consciência que não a de sua Presença EU SOU.

- **Carma e reencarnação** - Há muitos milhares de anos atrás, o homem vivia em plena sintonia com seu Deus interno, sua Divina Presença. A partir do momento em que começou a usar seu livre-arbítrio para criar desarmonia, contrariando as leis divinas, tornou-se responsável por essas criações. Assim, cada um passou a ter a responsabilidade de dissolver suas criações negativas e quando isso não acontecia, a energia retornava ao seu expedidor, gerando limitações, imperfeições, doenças e a morte do corpo físico. Diante disso, surgiu a necessidade de retornar ao plano físico para transmutar a energia malqualificada, já que ela foi criada neste plano: surgiu o carma e a reencarnação. Ao invés de transmutar os erros do passado, o homem criou novos erros e foi se enredando cada vez mais na roda das encarnações. Hoje, precisa retornar à perfeição e à pureza e isso só acontecerá, quando estiver em plena sintonia com seu Deus interno.

- **O eu-personalidade e o poder** - Todo homem que deseja trabalhar em prol da purificação, libertação e ascensão da Terra em cooperação com os Mestres Ascensionados deveria ter em mente que a única forma de fazer isso é sendo uma expressão plena do Amor e do Serviço. Cada um que se purifica, se disciplina e busca ser um exemplo de amor incondicional e dedicação aos seus irmãos torna-se um instrumento de luz na Terra, trabalhando em total sintonia com os Ascensionados. Essa é a verdadeira e correta forma de buscar a aproximação com os Mestres e não o desejo egoísta de estar em contato com eles para ser instruído, auxiliado ou meramente para satisfazer sua curiosidade e seu ego. Muitos homens dizem aos outros estarem em sintonia com os Ascensionados unicamente com o objetivo de exercer o poder pessoal sobre os demais ou obter algum reconhecimento egoico. O Buscador da Luz deve ter muito cuidado com estes homens, pois aquele que está verdadeiramente em sintonia com os Mestres também está em contato com sua Presença Divina e jamais terá a necessidade de vangloriar-se disso. A humildade é sempre uma característica divina, e no caminho espiritual é uma das palavras mais importantes. Para a Presença Divina em cada homem, não há nenhuma necessidade de glória, poder e destaque pessoal, pois Ela não requer nada para si; já o ego material ou eu-personalidade está sempre em busca de reconhecimento, poder e influência sobre os demais. Esteja alerta a este ensinamento e jamais divida o Poder de Deus, que habita dentro de você, entregando-o a outra pessoa. Por mais evoluído que ele possa ser, sempre entregue nas mãos de sua Presença Divina tudo aquilo que for orientado por alguém que não seja seu próprio Deus Interno.

- **Deus como única fonte de energia** - A energia que o homem utiliza para todas as suas criações (positivas e negativas) provém da mesma fonte: Deus. Não existe um opositor a Deus (o diabo) nutrindo os homens com a energia negativa; quem criou o mal foi o próprio homem ao usar seu livre-arbítrio. Com o passar do tempo, essas criações geraram o chamado plano astral inferior ou plano das ilusões (plano onde habitam formas-pensamentos negativas, miasmas e cascões-astrais – seres do astral que se disfarçam de Seres de Luz ou de outros seres – e almas prisioneiras e apegadas à Terra). Algumas almas involuídas personificaram a energia negativa criada pelos homens e assumiram formas que passaram a serem cultuados ou temidas pelos homens ao longo dos tempos, como o diabo, e outros.

- **O plano astral inferior**- O plano astral inferior é o plano das criações mentais e emocionais que o homem gerou há muitos milhares de anos; na verdade é um plano de ilusões e que influencia diretamente a mente e a emoção dos homens, pois eles estão em constante sintonia com este plano. Nada de positivo provém do plano astral inferior. É neste plano que estão também os seres desencarnados que se mantiveram presos às energias inferiores. Ao adormecer, o homem pode ir a este plano e deveria pedir sempre a proteção de sua Presença Divina e o comando da mesma durante o sono, para ser conduzido às esferas superiores.

- **A morte** - A morte física é uma oportunidade que o homem recebeu de recomeçar sua jornada em outro corpo jovem e saudável, além de permitir à sua consciência receber mais luz e força, para seguir sua jornada em uma nova encarnação. O homem deveria compreender que quando fica apegado demais àquele que desencarnou, sentindo muita dor e não aceitando o que houve, restringe o desenvolvimento da alma daquele que partiu. É necessário compreender que o sentimento de amor que unia estas duas pessoas não se dissolve e que cada vez que o seu mental estiver alinhado com a pessoa, elas estarão juntas, pois não existe separação. A questão é que o homem, principalmente no mundo ocidental, valoriza muito o corpo, a forma, a matéria como se fosse a essência da pessoa.

- **Cremação** - A cremação dos corpos, após a morte física, além de desintegrar o corpo físico-etérico, dissolve também os veículos emocional e mental, liberando mais facilmente o homem de seus apegos e prisões nestes planos. Isso auxilia para que a alma se integre mais rapidamente e siga em frente, ao invés de ficar apegada à matéria, às pessoas que permanecem encarnadas e a todo tipo de paixões. Além disso, a terra não é contaminada com as bactérias que atuam na decomposição dos corpos.

- **A glândula pineal e o Olho Onividente** - A glândula pineal, no centro do cérebro, é a glândula reguladora de todos os centros energéticos no corpo etérico e físico, sendo considerada o ancoradouro da energia divina no homem. Quando o homem mantém sua atenção nessa região, está entrando em sintonia com sua Presença Divina e também recebendo o auxílio de todos os Seres Ascensionados. Além disso, a glândula pituitária, em conjunção com a pineal, em tempos remotos constituíam o que se conhece como Olho Onividente ou Visão Interna; por isso, hoje, o homem deveria concentrar sua atenção nessa área do corpo e visualizar esse olho aberto dentro de si, como uma manifestação perfeita da Visão de Deus. Tudo aquilo que o homem visualizar com atenção e intensidade com o olho interno será impresso no mundo das formas, pois o Poder contido no Grande Silêncio impulsiona a criação externa. Assim, é importante visualizar, concentrar a atenção e confiar, vendo aquilo como já existente. Todo homem deveria realizar isso pelo menos durante cinco minutos por dia, mantendo-se em total silêncio e ativando esse poder criativo em seu interior.

- **A necessidade do vegetarianismo** - O hábito de comer carne é uma atitude muito antiga no homem e que hoje deveria ser abandonado. A carne de qualquer animal contém toxinas que são liberadas pelo seu corpo emocional (causadas pelo medo) e são impregnadas no momento em que o animal é morto; estas toxinas são absorvidas pelo corpo físico e emocional do homem que se alimenta da carne e isso produz uma substância que se concentra no cérebro do homem, dificultando o contato com a sua Presença Divina. As irradiações mais refinadas e sutis que vêm da Presença não são absorvidas; pouco a pouco o homem vai fechando a porta à manifestação dessa Presença. Além disso, os corpos dos animais são carregados de toda a energia negativa mental e emocional produzida pelos homens, ao longo dos tempos. Essa energia densa é reabsorvida pelos homens novamente e o ciclo vicioso é alimentado. A grande maioria dos animais que existe no planeta hoje são mutações de espécies puras e perfeitas, do início da criação. Estas espécies foram contaminadas pelas criações mentais e astrais do homem, quando este começou a usar seu livre-arbítrio para gerar todo tipo de imperfeições. Na medida em que ele respeitar e oferecer mais amor aos animais, eles evoluirão novamente e se tornarão puros, desaparecendo toda forma de vida feroz e negativa da face da Terra. Além da carne de qualquer animal, existem outras substâncias que causam o mesmo impedimento no cérebro de absorver as energias mais puras de sua Presença e devem ser evitadas: drogas de qualquer tipo, incluindo o álcool e o fumo, bem como uma redução do açúcar, sal e cafeína (estes três últimos devem ser usados com moderação, pois afetam o cérebro, o sistema nervoso e a conexão com a Presença EU SOU).

- **Sentimentos que precisam ser transmutados** - A autopiedade é um dos sentimentos mais desintegradores que o homem pode experimentar, pois é sinônimo de total egoísmo. A irritabilidade, a raiva e o ódio abrem a porta para todo tipo de dissonância e interferência no mundo humano. O desânimo e a tristeza abalam instantaneamente as criações positivas do homem, podendo impedi-las ou deturpá-las. Por isso, é necessário sempre alimentar sentimentos positivos e perfeitos, alinhando o seu emocional com a energia divina, para que a Presença Divina atue, criando somente a perfeição.

- **Assumir a própria responsabilidade** - Cada ser humano é o único responsável por tudo o que lhe acontece nessa vida, seja de bom ou de ruim. Quando os acontecimentos não são criados em pensamento e sentimento pela própria pessoa, fazem parte do registro cármico daquilo que ela criou em outras encarnações. O homem tem a tendência a culpar sempre os outros por tudo de ruim que lhe acontece e eximir-se de toda e qualquer responsabilidade. Enquanto continuar a repetir esse comportamento, não assume suas próprias falhas e criações impuras e, portanto, não as modifica. Consequentemente, também não evolui, mantendo-se preso ao mesmo tipo de energias e situações.

- **O mau uso da astrologia** - O homem vem usando a astrologia de forma totalmente imprópria. Toda vez que se atribui uma força negativa a um planeta, está se qualificando mental e emocionalmente esse planeta com essa força; trata-se de uma forma-pensamento criada pela humanidade e um arquétipo já estabelecido pelo homem. Nenhum planeta possui uma força negativa, visto que cada um deles foi criado por Deus e Deus desconhece a limitação. Portanto, o homem é o único responsável pela qualificação limitante e negativa dada a um planeta em especial e deveria modificar tal padrão. Na medida em que ainda está funcionando no nível da personalidade, fica mais sujeito aos padrões e limitações que criou; quando já passou a funcionar no nível da alma, liberta-se completamente dos padrões negativos criados por si próprio, e deixa de sentir-se influenciado por qualquer planeta, sabendo que o comando de sua vida está no Deus que reside em seu coração. A outra forma de usar erroneamente a astrologia é através das previsões; como tendências e possibilidades, a astrologia aponta direções, mas não pode prever nada. O livre-arbítrio do homem está acima de qualquer previsão astrológica, pois ele pode escolher o rumo que deseja tomar sem ser obrigado a seguir qualquer orientação. O astrólogo, ao prever um fato negativo ou limitante para uma pessoa, incute uma idéia na cabeça dessa pessoa, que certamente irá dividi-la com várias outras e, todos juntos, nutrirão essa idéia, contribuindo para que o fato se concretize; visto que o poder mental e emocional de cada homem é capaz de criar qualquer coisa. Portanto, não se deve buscar a astrologia ou qualquer outro conhecimento como a numerologia, tarô, médiuns videntes ou qualquer coisa do gênero, com o objetivo de saber o que vai acontecer no futuro. Cada indivíduo pode dirigir e comandar seu futuro, fazendo suas próprias escolhas e consultando sempre o seu orientador interno, que é a própria Divina Presença.

- **As oitavas do plano mental** - Em relação às oitavas do plano mental, que existem na atmosfera: a primeira delas é a do crime; a segunda é a do ódio; a terceira é a da raiva; a quarta é a da crítica e da condenação, onde uma parte significativa da humanidade atua. Estas quatro oitavas vão aumentando o seu grau de densidade da primeira até a quarta. A partir daí, começam as oitavas de luz, sendo que a quinta é a da tolerância, onde há respeito e liberdade de expressão; a sexta é a da alegria, onde há o pleno reconhecimento do Poder Divino atuando; a sétima é a do Amor Divino, onde há a percepção da Presença Divina se manifestando e a oitava é a da felicidade perfeita. Cada vez que nos alinhamos mentalmente com alguma destas oitavas, recebemos intensamente a radiação provinda da mesma, a qual vem acumulada com toda a força desenvolvida pela massa da humanidade ao longo dos tempos. Portanto, é fundamental o controle do pensamento, sentimento e palavra, para que o homem esteja sempre se alinhando com as oitavas superiores, visto que as inferiores são negativas e densas, e aumentam ainda mais os pensamentos nocivos que cada um gera. Quando o homem der a verdadeira importância ao seu pensamento, verá o poder criativo que possui. Por isso, cada um deveria fazer uma análise consciente e profunda de seus pensamentos e também dos sentimentos, identificando todo e qualquer elemento negativo, limitante ou destrutivo presente nos padrões mentais e emocionais e eliminando-os definitivamente.

- **A perfeição no corpo físico** - Cada um pode comandar o seu corpo físico e todos os seus órgãos, gerando somente a perfeição. Se, antes de dormir, o homem comandasse em pensamento e sentimento, bem como em palavras afirmativas, em nome de sua Divina Presença, todos os elétrons de seu corpo para que gerassem somente harmonia, saúde, vigor, juventude, pureza e perfeição, estaria comandando estes seres obedientes para que cumprissem amorosamente esta tarefa. Associe a esse processo a visualização de uma Luz Dourada, pois isso acrescenta uma atividade curadora extremamente poderosa. Além disso, a Presença Divina, quando convocada a atuar, pode permitir ao homem que manifeste um corpo com uma musculatura perfeita e sem nenhum excesso de gordura. Basta invocar a Presença e visualizar a perfeição atuando sobre o corpo, criando essa perfeição. No caso do excesso de gordura, erga a mão esquerda e com a direita faça movimentos circulares sobre a região afetada, visualizando o Fogo Violeta Consumidor dissolvendo este excesso e manifestando a perfeição.

- **Cinturão Eletrônico** - O homem pode criar um Cinturão Eletrônico ao seu redor, imprimindo nele a qualidade que desejar, mas sempre qualificando-o com o Amor Divino. Este Cinturão Eletrônico é construído pelos pensamentos e sentimentos positivos, que devem ser sustentados diariamente; forma-se então uma barreira que circunda a aura do indivíduo, carregada com aquela força que ele impregnou. Esta força deve ser sempre dirigida com Amor Divino.

- **Crença e fé** - Crença e fé são coisas diferentes, mas a crença pode se transformar em fé, na medida em que ela é sustentada. É preciso acreditar em algo para que isto seja manifestado, caso contrário a manifestação não acontecerá. A crença é racional e desenvolvida a partir dos conceitos e experiências que a pessoa tenha, e a fé é um sentimento, portanto não necessita necessariamente de compreensão racional.

- **O autocontrole** - O autocontrole é essencial na vida de todo homem, pois cada vez que ele se permite ser comandado por impulsos se desvia de sua Poderosa Presença EU SOU. O objetivo de cada pessoa é ser Mestre de sua própria natureza inferior, comandando cada energia sua, seja física, emocional e mental, portanto precisa assumir o comando e não ser escravo de pensamentos, emoções, desejos e impulsos. Isso também pode ser aplicado à alimentação e aos desejos sexuais, pois essa energia também precisa ser sublimada, ao invés de desperdiçada, como os homens costumam fazer. A energia sexual é a mesma energia criadora e, portanto, pode ser utilizada para criações mentais, emocionais e até mesmo físicas, além de ser geradora de uma nova vida. O ato sexual deveria ser sublime e carregado de amor e harmonia, para que a vida que surge como resultado desse ato seja um receptáculo destas virtudes.

- **A crítica** - Ao invés de criticar e comentar as falhas e os defeitos dos outros, todo homem deveria tentar estimular as qualidades das outras pessoas, fixando sua atenção nos seus aspectos positivos. Cada vez que aponta seus erros, além de fortalecê-los aparentemente no indivíduo, perpetua na sua própria consciência um elemento limitante e destrutivo. Aquele que critica, julga e condena os outros está criando uma série de energias destrutivas que acabam retornando, multiplicadas, para o seu criador.

- **Amor incondicional** - O homem que deseja acelerar seu processo evolutivo não pode se esquecer de diariamente irradiar amor àqueles que o tenham prejudicado ou ofendido, pois a energia do amor será levada à consciência do outro, criando poder e qualidade e essa energia retornará ao seu expedidor. Aí está contido o mistério da libertação, visto que enviar amor a quem o feriu é também perdoar. Só consegue irradiar amor aquele que perdoou; portanto, o perdão e o amor são a chave da liberdade.

- **Fenômenos psíquicos** - O homem precisa compreender que a capacidade de ver além dos olhos físicos (clarividência), ouvir além dos ouvidos físicos (clariaudiência), movimentar objetos sem o uso das mãos (telecinesia) e outras habilidades psíquicas não têm absolutamente nada a ver com espiritualidade. São fenômenos psíquicos ou chamados parapsicológicos e não estão relacionados ao fato de a pessoa possuir uma evolução espiritual. A tendência do homem comum é dar muito poder a tais fenômenos psíquicos e às pessoas que os possuem, muitas vezes sendo influenciados e dirigidos diretamente por estas pessoas, desviando assim o foco de sua única Fonte de Poder, a Presença EU SOU. É muito perigoso para o homem se envolver com esse tipo de energia, pois surge a fascinação e o interesse por tais fenômenos, principalmente quando eles envolvem as profecias. O homem pode ficar enredado a esse tipo de fenômenos e perder muitas encarnações para retornar ao ponto inicial; infelizmente, muitos seres que já adquiriram certa evolução espiritual viram-se envolvidos com esta vibração e acabaram prisioneiros da fascinação. Nesse caso, nem os Mestres podem auxiliar o homem ou o discípulo, pois foi por seu livre-arbítrio que ele escolheu trilhar este caminho.

PRÁTICAS ESPIRITUAIS

PRÁTICAS ESPIRITUAIS

O Mestre Saint Germain ensina que podemos impregnar nossos corpos com a Chama Violeta sempre que desejarmos ou tivermos necessidade desse Fogo Misericordioso, e que também devemos usá-lo todos os dias, no mínimo, durante trinta minutos. O Mestre sugere que usemos o Fogo Violeta três vezes ao dia, pela manhã, no meio do dia e à noite; portanto, são dez minutos em cada turno do dia, pelo menos.

Se quiser, faça o **BANHO DE LUZ VIOLETA**, de forma concentrada, mentalizando sua Presença EU SOU e dizendo:

Em nome da minha Divina Presença EU SOU e do Poder Magnético do Fogo Sagrado, eu invoco: *(Erga suas mãos ao alto e visualize-as carregadas de Luz Violeta).*

Chamejai, chamejai, chamejai estas mãos com o Misericordioso Fogo Violeta, *(Passe as mãos ao longo do corpo todo, retirando as impurezas e libertando-as na Chama Violeta, dizendo:).*

Dissolvei de meus corpos todas as dissonâncias e impurezas e libertai tudo no Fogo Sagrado *(repita três vezes),*

Dissolvei de meus corpos todas as condições limitantes e negativas e libertai tudo no Fogo Sagrado *(repita três vezes),*

Amada Presença EU SOU, Amado Saint Germain,
Transmutai, transmutai, transmutai tudo isso
Somente em Liberdade, Amor, Luz e Perfeição.
Eu Vos agradeço. EU SOU! EU SOU! EU SOU!

Depois deste processo, você pode fazer uma visualização com a Chama Violeta em toda a Terra, em todos os seus reinos de evolução e em todas as suas dimensões. Deixe o seu coração falar; use o Poder Criativo oferecido por Deus e crie as mais belas formas-pensamentos, direcionando-as para todos os homens e elementais e para o planeta inteiro, sustentando esta Perfeição e vendo nitidamente a ascensão e a libertação da Terra e de todos os seus habitantes. Durante a visualização, entregue-se totalmente às imagens que você está vendo; vivencie-as, mergulhe nelas e sinta o bem-estar, a alegria, a felicidade, o amor, a paz fluindo e se expandindo por tudo. Mantenha-se concentrado somente nesta Perfeição, contemple-a e medite, mantendo sua frequência vibratória estável e elevada.

ESPIRAL DE FOGO VIOLETA

Sente-se confortavelmente, respire profundamente algumas vezes, procurando acalmar seu corpo e visualize uma espiral de Fogo Violeta, como se fosse um ciclone de luz, envolvendo todos os seus corpos inferiores. Veja essa espiral abaixo dos pés, penetrando na terra e subindo além de sua cabeça; sinta a Misericórdia e o Perdão de Deus atuando em seus corpos, dissolvendo toda impureza, limitação, doença, imperfeição. Expulse essa substância dissonante e queime-a totalmente no Fogo Violeta.

Concentre a atenção em cada corpo; visualize o Fogo Violeta entrando na corrente sanguínea, purificando o sangue e expulsando toda substância escura e dissonante e levando luz e liberdade a cada célula, átomo e elétron do seu corpo. Sinta o núcleo de cada átomo e célula se iluminando e todas as sombras e substâncias escuras, dando lugar à luz, à pureza e à perfeição. Visualize as células se revigorando, se regenerando, restabelecendo a pureza, juventude, saúde e vigor e sustente essa energia em seu corpo físico. Visualize agora as labaredas de Fogo Violeta que se manifestam nessa espiral flamejante transpassando todos os seus chacras no corpo etérico, desde o chacra-base, abaixo do cóccix até o alto da cabeça; sinta o Fogo limpando, dissolvendo, consumindo, transmutando todos os bloqueios e desarmonias e devolvendo a estes centros a sua pureza e perfeição originais. Sinta que o chacra coronário, no alto da cabeça, vai assumindo o controle perfeito de cada centro e visualize a luz descendo do alto e dirigindo todos os demais centros, com total harmonia e pureza. Expanda agora esses vórtices de Luz Violeta dessa espiral flamejante pelo seu corpo emocional, visualizando todos as emoções e sentimentos dissonantes e impuros sendo transmutados: toda mágoa, ressentimento, raiva, orgulho, irritabilidade, impaciência, tristeza e dor vão sendo queimados por esse Fogo Divino e transformados em amor, paz, tolerância, serenidade, luz, fé, força, pureza, harmonia e liberdade. Imagine agora seu corpo mental sendo envolvido nesse flamejante Fogo Violeta libertador consumindo todos os pensamentos, palavras, formas-pensamentos, crenças, paradigmas, valores e conceitos limitantes e negativos e sinta estas substâncias sendo transmutadas instantaneamente em positividade, confiança, criações belas, harmoniosas e perfeitas.

Perceba que seus corpos se mantêm completamente impregnados de Fogo Violeta e que a Misericórdia e o Perdão Divinos atuam intensamente, libertando-o de todo o passado mal qualificado. Sinta que sua consciência se eleva e que você estabelece uma sintonia perfeita com a Consciência Divina em seu coração; pense nessa Presença Radiante e perceba todo o Amor, Paz, Verdade, Iluminação, Pureza, Abundância e Perfeição presentes nessa Presença, sentindo o derramamento de todas essas forças em seus corpos. Preencha seus corpos com essa substância luminosa, carregando-os e sustentando-os permanentemente sob o comando da Presença Divina, que é Deus atuando em você. Expanda essa energia plena de felicidade e êxtase para todos ao seu redor e para todo o planeta Terra, vislumbrando a possibilidade de todos desfrutarem desse sentimento de unidade e alegria que você vive agora. Sustente essa energia a todo o momento e repita esse exercício quantas vezes quiser.

SAUDAÇÃO AO SOL

Ao acordar, pela manhã, volte-se para o leste, na direção em que nasce o sol e faça uma saudação ao Sol (aos Deuses Solares Hélios e Vesta):

Eu saúdo o Sol que se ergue agora sobre mim e agradeço-lhe pela Luz e Liberdade que traz à minha alma.

Eu saúdo o Sol que se ergue agora sobre mim e agradeço-lhe pela Sabedoria e Consciência Divina que traz ao meu corpo mental.

Eu saúdo o Sol que se ergue agora sobre mim e agradeço-lhe pela Doçura, Bondade, Amor e Felicidade que traz ao meu corpo emocional.

Eu saúdo o Sol que se ergue agora sobre mim e agradeço-lhe pela Força, Poder, Energia e Dinamismo que traz ao meu corpo etérico.

Eu saúdo o Sol que se ergue agora sobre mim e agradeço-lhe pela Saúde, Vitalidade, Pureza e Perfeição que traz ao meu corpo físico.

Eu saúdo o Sol que se ergue agora sobre mim e agradeço-lhe pela Harmonia e Paz que traz ao meu coração.

Que assim seja.

SAUDAÇÃO À PRESENÇA DIVINA

Ao acordar, pela manhã, dirija-se para o leste, na direção em que nasce o sol e faça uma saudação ao seu Deus interno, a Poderosa Presença EU SOU.

Erga os braços, concentre-se no seu Deus Interno e sinta o derramamento de Sua energia sobre você, dizendo:

Poderosa Presença que atua em mim!
Eu te saúdo e te dou graças no dia de hoje.
E invoco o Teu Poder Libertador,
Para dissolver toda limitação do meu eu-personalidade.
Eu aceito neste momento
O Teu Amor-Sabedoria, a Tua Luz,
A Tua Inteligência e o Teu Poder Divinos.
Sela-me com teu Manto de Pureza e Proteção
E comanda este dia com absoluta Perfeição.
EU SOU Deus em ação.
EU SOU! EU SOU! EU SOU!

CRIANDO UM CINTURÃO ELETRÔNICO

Crie um Cinturão Eletrônico ao seu redor, um Anel de Força Pura, e mantenha essa reserva acumulada para seu constante uso. Ao criar esse Cinturão Eletrônico, você ficará selado com essa energia, por isso é importante estar com seus corpos mental e emocional purificados, sem nenhum pensamento ou sentimento dissonante. Para isso, use primeiro a Chama Violeta em seus corpos, limpando-os e purificando-os totalmente. Após essa limpeza, invoque o Amor Divino para que flua sobre seus corpos, impregnando-os e selando-os. Forme uma grande armadura de Amor Incondicional que se expande à sua volta; sinta o Amor de Deus sendo irradiado em todas as pessoas e condições ao seu redor. Envolva-se na Força e na Fé Absoluta no Poder de Deus que flui sobre você. Sinta-se um filho de Deus, merecedor de todas as suas graças e capaz de manifestar toda a perfeição. Perceba que Deus atua em você nesse momento, sinta-se uno com essa Presença Radiante e com toda a Sua Força e Poder, afirme:

Em nome da minha Poderosa Presença EU SOU,
Comando que se crie, agora,
Ao redor de meus corpos inferiores,
Um Cinturão Eletrônico de Proteção
Que irradia sua Luz e me envolve totalmente
Afastando toda criação humana e toda energia impura que se aproxime.
Somente o Amor Divino e a Luz podem transpor esse Cinturão.
E eu confio plenamente em Seu Poder
Eu Vos agradeço, Bem-Amada Presença EU SOU.

Sinta, agora, este Cinturão estabelecido ao seu redor, protegendo-o e tornando-o invulnerável a tudo que vem do exterior. Repita diariamente esse exercício, fortalecendo o Cinturão Eletrônico e não crie nada negativo em seus corpos mental e emocional, pois isso vai enfraquecendo o escudo de proteção que foi formado. Cada vez que você gerar algum pensamento e sentimento negativo, trabalhe com a Chama Violeta, pedindo perdão e dissolvendo essa criação e, depois, retome novamente o trabalho com o Cinturão Eletrônico. Carregue-o constantemente com o Amor Divino, irradiando esse Amor à Sua Presença Divina e a todos os seres.

QUEIMANDO CARMAS

Escreva uma carta destinada aos Senhores do Carma, os Bem-Amados Kwan Yin, Nada, Pórtia, Palas Atena, Vista, Saithru e Libra, solicitando a eles que o auxiliem na dissolução e transmutação do passado.

Registre nesta carta todas as questões negativas e limitantes que fazem ou fizeram parte de sua vida. Para não esquecer nada, relacione os seguintes tópicos:

Corpo físico: doenças, vícios, gula, energia sexual exacerbada, apegos, limitações financeiras e imperfeições de qualquer tipo.

Corpo emocional: sentimentos negativos que se repitam em sua vida como mágoa, ressentimento, raiva, intolerância, tristeza, orgulho, egoísmo e tantos outros.

Corpo mental: pensamentos e palavras negativas que sejam recorrentes, bem como conceitos, crenças, paradigmas, preconceitos e valores que sejam negativos e limitantes.

Situações negativas que se repitam em sua vida: problemas com relacionamentos pessoais e amorosos, com emprego, com dinheiro, com saúde ou quaisquer outros. Tudo aquilo que se repete tem a possibilidade de ser um carma que ainda não foi transmutado. Avalie aquilo que você acha que pode ser cármico e escreva.

Questões coletivas: coloque as questões negativas que mais o incomodam e que hoje assolam o planeta, o País, a sua cidade e a humanidade de uma maneira geral. Peça a transmutação destas energias, de acordo com o esforço e merecimento dos homens.

Ao final, agradeça aos Senhores do Carma e assine seu nome.

Logo em seguida, acenda uma vela violeta de qualquer tamanho, invoque o Fogo Violeta, o Mestre Saint Germain, a Mestra Kwan Yin e o Conselho Cármico e faça uma meditação com a Chama Violeta, usando a Misericórdia e o Perdão de Deus. Visualize essa energia se derramando sobre você e sobre tudo aquilo que você escreveu; visualize o Fogo Violeta em todo o planeta Terra, agindo sobre toda a situação limitante e negativa e transmutando-a.

Queime sua carta na vela violeta, tendo um recipiente apropriado para a queima, ao seu lado. Confie no poder do Fogo Sagrado que consome e dissolve, tanto física quanto etericamente, todas as vibrações negativas, libertando os elétrons. Agradeça aos Seres de Luz que você invocou e encerre o ritual.

Sugere-se que seja escrita uma outra carta com os mesmos tópicos, só que ao invés de discriminar situações negativas, você relacione os aspectos positivos de cada item, valorizando e agradecendo as suas conquistas. Esta carta não será queimada; deverá ser guardada e relida sempre que você quiser, pois é uma forma de fixar sua atenção nas coisas positivas em sua vida. À medida que fizer novas conquistas e mudanças positivas, vá acrescentando estes itens nesta carta e agradecendo à sua Presença Divina por todas essas possibilidades.

EXPURGO E LIBERTAÇÃO

Procure sentar-se em uma posição confortável, relaxe e respire profundamente. Certifique-se de que escolheu um momento para realizar este exercício em que não será perturbado ou interrompido por ninguém. Vá relaxando seu corpo e quando se sentir bem tranquilo, concentre-se numa espiral ou numa coluna gigantesca de Fogo Violeta, descendo sobre você. Invoque o Mestre Saint Germain, o Arcanjo Ezequiel e os anjos de Luz Violeta disponíveis para dar assistência. Memorize ou leia os pontos a seguir e sinta que estas energias estão sendo totalmente expurgadas e transmutadas pelo Fogo Violeta de seus corpos emocional e mental. Repita três vezes a frase em letra maiúscula.

INVEJA - Esta inveja não é minha; ela sai dos meus corpos. EU E O PAI ESTAMOS FELIZES COM O SUCESSO DE TODOS OS MEUS IRMÃOS.

RAIVA - Esta raiva não é minha; ela sai dos meus corpos. EU E O PAI PERDOAMOS E AMAMOS A TODOS OS HOMENS.

DESEJO - Este desejo não é meu; ele sai dos meus corpos. EU VIVENCIO A PLENITUDE DE DEUS EM MIM.

ORGULHO - Este orgulho não é meu; ele sai dos meus corpos. EU SOU HUMILDADE; E O PAI, COM SEU INFINITO AMOR, HABITA EM MIM.

TRISTEZA - Esta tristeza não é minha; ela sai dos meus corpos. A ALEGRIA DE DEUS HABITA EM MIM.

MÁGOA - Esta mágoa não é minha; ela sai dos meus corpos. A PAZ INFINITA DE DEUS ESTÁ ATUANDO EM MIM!

JULGAMENTO (críticas não construtivas e condenação) - Este julgamento não é meu; ele sai dos meus corpos. EU RECONHEÇO E ABENÇOO A DIVINA ESSÊNCIA DE CADA UM DOS MEUS IRMÃOS.

INTOLERÂNCIA - Esta intolerância não é minha; ela sai dos meus corpos. EU SOU A SABEDORIA E O AMOR. EU SOU HARMONIA.

CIÚME - Este ciúme não é meu; ele sai dos meus corpos. EU SOU A VERDADE DE DEUS MANIFESTANDO-SE, LIVRE, EM MIM E EM CADA SER.

APEGO - Este apego não é meu; ele sai dos meus corpos. NA DIVINA FRATERNIDADE, EU SOU UNO COM TODOS OS SERES DA CRIAÇÃO.

VAIDADE - Esta vaidade não é minha; ela sai dos meus corpos. EU SOU A PERFEITA HUMILDADE, PORQUE SEI QUE TODOS ESTES TALENTOS SÃO DE DEUS EM MIM E QUE A GRANDE FONTE DA VIDA É INFINITA E INESGOTÁVEL.

INSEGURANCA - Esta insegurança não é minha; ela sai dos meus corpos. EU SOU FILHO(A) DE DEUS PERFEITO(A). EU SOU A PORTA ABERTA QUE NADA NEM NINGUÉM PODERÁ FECHAR. EU SOU O CAMINHO, A RESSURREIÇÃO E A VIDA.

SOLIDÃO - Esta solidão não é minha; ela sai dos meus corpos. NO CORPO DA MÃE DO MUNDO, ESTOU EM COMUNHÃO COM TODOS OS SERES DA CRIAÇÃO, INCLUINDO AQUELES QUE, NESTE EXATO MOMENTO, ESTÃO SE APROXIMANDO DE MIM. EU SOU O AMOR QUE ABRE TODAS AS PORTAS E JANELAS; EU SOU A UNIDADE!

MEDO - Este medo não é meu; ele sai dos meus corpos. EU SOU O EU SOU! EU SOU O QUE EU SOU! EU SOU DEUS EM AÇÃO!

MORTE - Esta morte não é minha; ela sai dos meus corpos. EU SOU A VIDA ETERNA!

Ao final, repita a afirmação seguinte por três vezes: DIVINO BÁLSAMO, CAI SOBRE MIM E CICATRIZA TODO O MEU SER!

SINTONIA COM A PRESENÇA DIVINA

Escolha um horário em que você possa ficar absolutamente sozinho, sem nenhum tipo de interferência externa. Sente-se em uma posição confortável, respire profundamente algumas vezes e vá relaxando pouco a pouco. Imagine que uma Luz Branca Cristalina começa a descer em seu corpo, tomando conta de todo ele e se expandindo ao seu redor. Pense nessa Luz como se fosse um Manto de Luz que a sua Presença Divina derrama sobre você. Procure se alinhar com esta Presença Radiante, buscando um contato mais profundo e sincero com o Deus que existe em seu coração. Veja seu coração brilhando como um Sol e perceba as irradiações desse Sol se expandindo ao seu redor. Procure manter essa conexão por aproximadamente cinco minutos. Depois, procure sentir esse Poder, Luz, Amor e Inteligência Divina atuando em todos os seus corpos: físico (ilumine cada órgão, átomo, elétron com o brilho dessa luz), etérico (visualize todos os seus chacras banhados na luz), emocional e mental (sinta todos os seus sentimentos e pensamentos impregnados com muita luz) e aceite a Poderosa Presença de Deus assumindo o controle de todos os seus corpos e gerando somente a Perfeição. Concentre-se somente nisso, não pense em mais nada; confie plenamente no Deus interno e sinta-se em perfeita comunhão com Ele. Intensifique o brilho dessa luz em todos os elétrons de todos os corpos até ver e sentir que você é pura Luz Divina (procure manter essa concentração cerca de dez minutos).

No fim do trabalho repita verbalmente: "EU SOU Luz, Eu amo a Luz, EU SOU guiado(a), protegido(a), nutrido(a) e amparado(a) pela Luz. Eu sirvo somente à Luz. EU SOU a Luz Divina comandando todo o meu ser." Essa prática deve ser realizada diariamente, preferencialmente três vezes ao dia.

CORTANDO LAÇOS (exercício extraído do livro *EU SOU ETERNAMENTE LIVRE*, de minha autoria)

Sente-se em uma posição confortável, relaxe seu corpo e respire profundamente. Repita a respiração profunda e prolongada até se sentir sereno e tranquilo. Desligue-se de tudo ao redor e concentre-se somente no relaxamento de seus corpos e na respiração. Quando se sentir bem relaxado, visualize o símbolo do infinito (aquele que parece o número oito, na horizontal) no espaço sideral. Veja este símbolo queimando em Fogo Violeta e coloque em um dos lados do símbolo você e a perfeição que deseja sustentar. Na outra metade, coloque as cenas ou condições limitantes e negativas das quais quer se libertar e romper.

Concentre bem a atenção e visualize uma gigantesca espada de Fogo Azul que corta as duas metades do símbolo, rompendo com todas as ligações que existem entre uma parte e outra. Perceba que a parte negativa vai se distanciando cada vez mais e se dissolve no Universo infinito. Repita esta visualização diversas vezes até se sentir totalmente livre destas energias.

REENCONTRANDO O MESTRE SAINT GERMAIN

Feche os olhos e relaxe o corpo físico, harmonizando a mente e as emoções. Inspire profundamente e entre em um estado de serenidade e paz, entregando-se completamente a este momento e sentindo o coração se iluminando. Com os olhos astrais abertos, visualize um local extremamente belo e harmonioso. Sinta-se neste local e observe tudo à sua volta: a natureza exuberante, o aroma de flores, a paz e a luminosidade e perceba que esse é um local pleno de amor e pureza, uma criação Divina. Perceba uma construção semelhante a um Templo ou Santuário todo branco em meio a essa paisagem belíssima e sinta a aura de Amor, Harmonia, Misericórdia e Liberdade que flui desse Santuário. Sintonize-se com essa vibração; este é o Sagrado Santuário de Saint Germain, nos Montes Cárpatos, um local escolhido pela sua Divina Presença para lhe proporcionar aprendizado e desenvolvimento.

Sinta-se conectado com o Mestre Saint Germain e com todas as pessoas no mundo inteiro que almejam a libertação. Retome o seu compromisso com o Mestre e relembre a promessa de auxiliá-lo na construção de uma Nova Era. Antes de descer ao plano físico, sua alma já esteve nesse Santuário e muitas vezes você esteve diante de Saint Germain. Você está sendo convocado novamente pelo Mestre e pela sua própria Presença Divina para retornar a esse local. Concentre-se e deixe que a sua alma, a sua divindade o dirija nesse momento. Você está a um passo de um reencontro com o amoroso Mestre, aquele que vem iluminando o seu caminho desde o início de sua jornada. Ao pensar nisso, sinta a vibração do Manto Eletrônico de Saint Germain se derramando sobre você; uma poderosa corrente eletrônica percorrendo todos os seus corpos. Em seguida, sinta a mão do Mestre com o polegar na sua testa e os demais dedos no alto da cabeça, abrindo seus centros energéticos, ampliando sua visão interna e derramando luz sobre você. Instantaneamente, enxergue melhor; com uma nitidez impressionante, e veja diante de si esta figura maravilhosa, esse Ser de Luz Majestoso, amoroso e amigo. Saint Germain está diante de você e seus olhos irradiam Amor e Misericórdia; seus cabelos caem-lhe sobre os ombros e sua aura é toda violeta. A alegria do reencontro toma conta de você e a sensação é de expansão, preenchimento e plenitude. Tudo para nesse momento e a noção de limites ou de separatividade deixa de existir, pois você se encontra imerso no coração violeta de Saint Germain. A sensação é de voltar para casa, retornar a uma condição de Perfeição e Amor Incondicional que, no plano físico, você nunca experimentou. Neste instante, você não tem nenhuma identificação com o corpo físico ou com o mundo denso; a sutileza e a pureza de sentimentos que você experimenta não permitem limites. Sinta-se mergulhado nessa energia e absorva o máximo possível dessa aura de perfeição que você experimenta agora.

Saint Germain lhe oferece uma taça dourada com uma das mãos e o Fogo Violeta com a outra, pedindo-lhe que você receba a taça, que representa a Sabedoria Divina, a qual você pode acessar a partir de agora e o Fogo Violeta, com seu poder transmutador, para que você o utilize em todas as situações limitantes e negativas. Leve-os em direção ao centro do peito e sinta que eles são absorvidos por seu coração, guardando-os dentro do peito e acessando-os sempre que necessário. Sinta-se em perfeita comunhão com o Mestre Saint Germain nesse momento e deixe que essa vibração o auxilie no contato com seu Cristo Interno e com sua Presença Divina. Desfrute totalmente desse momento de plenitude e carregue seu mundo e o planeta inteiro com essa energia.

TRABALHANDO COM O PERDÃO

O perdão é uma força poderosa que carrega as vibrações do Sétimo Raio e que deve ser utilizada em todas as situações, para libertá-lo de toda condição negativa ou laço cármico que possa ser criado. Seja na relação com as pessoas ou com os elementais da natureza (minerais, vegetais e animais), é importante exercitar o perdão diariamente. Não deixe que nenhuma condição ou situação fique mal resolvida ou aprisionada. Liberte-se e liberte os seus irmãos que estejam envolvidos nessa situação.

Trabalhe o perdão, estendendo-o a seus pais, amigos, irmãos, colegas, vizinhos, cônjuge ou ex-cônjuge, filhos, chefes ou ex-chefes e a todos que você de alguma forma se relacionar e tiver alguma questão mal resolvida. Perdoe, peça perdão e se perdoe pelos erros, libertando-se de qualquer culpa; de nada adianta ficar se sentindo culpado pelos erros do passado e se martirizando por eles. O importante é libertar-se completamente do passado, pois enquanto se sentir culpado, está preso ao fato ou às pessoas envolvidas e andando em círculos. Deixe o passado para trás, fixe sua atenção somente no presente; não adianta ficar remoendo o passado ou revivendo situações negativas e imperfeitas, pois desta forma você traz a energia do passado para o presente e contamina sua aura com essas impurezas. Saint Germain reforça a importância de concentrar-se no aqui e agora, pois somente no presente você tem o poder de transformação e libertação; não importa o que já passou se agora você pode modificar qualquer coisa e libertar-se de dores, sofrimentos e prisões. Está ao seu alcance modificar o presente, para que o futuro também seja diferente; mesmo que você tenha sofrido com pessoas ou com circunstâncias da vida, já passou. Agora tudo pode ser completamente diferente, por isso perdoe ou peça perdão e recomece; escreva uma nova história para a sua vida a partir deste momento, do aqui e do agora; veja todas as condições e os recursos disponíveis que estão ao seu alcance e faça uso deles.

Visualize a Luz Violeta descendo sobre você e repita o Mantra do Perdão e da Misericórdia Divina:

EU SOU o Perdão e a Misericórdia Divina fluindo sobre meu corpo físico. Eu peço perdão a todos os músculos, ossos, nervos, órgãos, células, átomos e elétrons do meu corpo físico, bem como aos construtores de forma que o criaram e o sustentam, por toda limitação que eu criei e impregnei neste corpo.

EU SOU o Perdão e a Misericórdia Divina fluindo sobre meu corpo etérico e sobre meus chacras, dissolvendo bloqueios, harmonizando estes centros energéticos e elevando toda a energia ao centro coronário, no alto da cabeça.

EU SOU o Perdão e a Misericórdia Divina fluindo sobre meu corpo emocional, dissolvendo todas as emoções e sentimentos negativos como medo, raiva, tristeza, egoísmo, ansiedade, angústia, irritabilidade, intolerância, ressentimento, rancor, avareza e outras energias limitantes.

EU SOU o Perdão e a Misericórdia Divina fluindo sobre meu corpo mental, dissolvendo todos os pensamentos, palavras, formas-pensamentos, crenças, paradigmas, conceitos e valores limitantes e negativos.

EU SOU o Perdão e a Misericórdia Divina fluindo sobre a periferia do meu corpo causal e consumindo todos os carmas que eu criei no passado. Eu peço perdão por toda ignorância, inconsciência e limitação da minha personalidade em cada encarnação e eu perdoo a todos os seres que tenham me causado algum mal no passado, me libertando e libertando todos os meus irmãos de qualquer criação impura.

EU SOU o Perdão e a Misericórdia Divina atuando em todas as condições nocivas e imperfeitas que eu criei e eu invoco essa energia para que seja irradiada em toda a humanidade e em todo o planeta Terra.

Eu invoco a Presença Divina em cada homem para que permita que todos recebam o Perdão e a Misericórdia de Deus e sejam libertados neste momento e assim permaneçam por toda a eternidade.

EU SOU! EU SOU! EU SOU! E eu vos agradeço, ó Bem-Amada Presença Divina.

PURIFICAÇÃO DOS REGISTROS DO PASSADO (exercício extraído do livro *EU SOU ETERNAMENTE LIVRE*, de minha autoria)

Invoque os elementais do fogo (as salamandras), o Fogo Violeta, os Deuses Solares Hélios e Vesta, o Príncipe Oromasis e Diana, os Senhores do Carma (Sainthru, Libra, Nada, Palas Atena, Vista, Kwan Yin e Pórtia) e o Mestre Saint Germain.

Sente-se em uma posição confortável, relaxe seu corpo e respire profundamente. Repita a respiração profunda e prolongada até se sentir sereno e tranquilo. Desligue-se de tudo ao redor e concentre-se somente no relaxamento de seus corpos e na respiração. Quando se sentir bem relaxado, visualize enormes labaredas de Fogo Violeta que começam a envolver o seu corpo etérico; sinta-o muito semelhante ao físico, mas um pouco maior. Observe os sete chacras que estão nesse corpo; são sete centros de energia por onde escoa a Luz da Presença Divina em você. Sinta essa Luz Branca no chacra coronário, bem no alto da cabeça, descendo e ancorando. A partir daí, essa Presença comanda todos os demais centros energéticos, iluminando-os e mantendo-os em harmonia. Veja o Fogo Violeta consumindo cada um desses focos, principalmente os centros inferiores.

Observe estes chacras e concentre o Fogo nessa região, sentindo a Chama Violeta purificando estes centros, deixando-os brilhantes como um sol dourado. Sinta que os três chacras inferiores estão completamente limpos. Peça perdão pelo mau uso que você fez da energia emanada por eles e sele-os com a Luz Violeta, sabendo que toda dissonância foi consumida. A partir de agora, o Fogo Violeta sobe pelo chacra cardíaco, atravessando o centro da garganta e chegando ao terceiro olho; explodem raios de Luz Violeta em todas as direções. Você se vê banhado e mergulhado em uma corrente eletrônica tão poderosa e aceleradora de Fogo Violeta que, num impulso instantâneo, seu corpo etérico é deslocado.

Deixe o corpo físico imóvel, deitado, relaxado e com todos os órgãos funcionando. Sinta-se flutuando e concentre-se no seu corpo astral. Identifique-se com este corpo fluídico que viaja por onde quiser, sem limitações; desloque-se, suba, distancie-se, flutue, volite, vá cada mais longe. Veja um platô belíssimo de uma montanha e o Deva que sustenta esse local: como é majestoso e belo! Sinta-se sendo levado até um trecho do platô e perceba vários Anjos do Raio Violeta surgindo ao seu redor; um aroma intenso de violetas e jasmins toma conta do ambiente.

Você é conduzido pelos Anjos Violeta até uma parede de rocha que se abre, de repente, e você vê a luz que vem de dentro da montanha; uma Luz Violeta-Dourada, um Fogo intenso, vindo do coração da montanha. Entre e note que as paredes e o chão são de ametista, as mais belas e gigantescas ametistas que você jamais viu. As salamandras que atuam no seu corpo etérico, queimando toda a dissonância, intensificam-se ainda mais, em contato com o poder transmutador dos elementais da ametista. Você se percebe como um corpo de Fogo Violeta intenso, que dissolve e aquece, mas não queima. Note que os elementais do fogo estão sustentando o Fogo Violeta pulsante no coração da montanha e alegre-se com essa cena. Milhares de pequeninas chamas formando uma chama tão intensa e poderosa, ardendo, consumindo, dissolvendo, transmutando tudo em volta.

Envolva-se nesse Fogo, banhando-se completamente nessa Luz Divina, Misericordiosa...Nesse momento, surge diante de você um ser maravilhoso, vestindo uma túnica violeta e dourada, com um brilho e uma beleza indescritível. Ele lhe oferece uma túnica violeta parecida com a dele para que você a coloque após o banho de Fogo Violeta e depois o conduz até um imenso salão. Tudo é tão belo ao redor que você fica cada vez mais encantado com a vibração desse local. Nesse salão circular estão dispostas várias cadeiras em semicírculo, todas voltadas para uma parede. Quando você se senta, entra no salão a maravilhosa figura do Mestre Saint Germain, usando uma roupa toda branca, resplandecente e um manto violeta ornamentado com ouro bordado e ametistas belíssimas. O Mestre sorri para você e de seus olhos irradiam-se o mais profundo amor e alegria. É como se ele dissesse:

- Estou muito feliz por vê-lo(a) hoje aqui. Há muito venho esperando por esse momento.

Você sente uma súbita descarga energética percorrendo seus corpos e toma consciência do quanto esse momento é de vital importância para a sua vida. A um simples estalar de dedos do Mestre, surge em suas mãos um cálice com um líquido cremoso e espumante que ele lhe oferece. Você toma, instantaneamente, sabendo o quanto esse líquido é revigorante para todos os elétrons que compõem seus corpos. Sinta a descarga de energia positiva e vivificante percorrendo seus corpos e entregue-se a essa sensação maravilhosa. Outro estalo de dedos e os cálices somem no ar, voltando para o grande reservatório universal.

Surge à sua frente um enorme espelho de cristal de coloração branco-leitosa, como uma gigantesca tela. O Mestre pede que você feche os olhos e que os abra, depois, pouco a pouco. Então, algumas imagens vão surgindo no espelho. Você se vê no espelho, em sua vida hoje; algumas cenas passam diante de seus olhos.

De repente surgem cenas da infância e, depois, imagens que parecem estranhas, inicialmente, pois você não as reconhece. No entanto, em seguida, percebe que existe alguma coisa familiar naquelas cenas e começa a se reconhecer nelas, com outro rosto; umas pessoas diferentes que parecem estranhas, mas não são. Várias imagens começam a serem projetadas nesse espelho e você acompanha essa tela como um espectador de um filme, sabendo que essas cenas são suas, mas, ao mesmo tempo, sentindo-se distanciado delas. Olhe quantas pessoas diferentes, quantos períodos históricos e locais distintos e quantos corpos diferentes você já usou.

Perceba quanta energia dissonante foi gerada pela ignorância, pela manipulação, pelos desejos do ego. Olhe quanto desperdício de vidas, de tempo, de amor, de energia divina. Veja em quantas lutas você se envolveu: por poder pessoal, dinheiro, domínio, prazer sexual, ganância, vaidade. Olhe quantas pessoas à sua volta sofreram com o que você fez. Peça perdão a essas pessoas, diga a elas que você não tinha consciência do quanto estava errando. Peça perdão por lhes ter feito mal, por tê-las aprisionado. Liberte-as e liberte-se também de qualquer erro cometido. Do fundo de sua alma, agora você compreende por que trouxe, nessa vida, essa bagagem, esse fardo. Lembre-se de que isso é fruto do que foi plantado de forma inconsequente e peça perdão por isso.

Perdoe também a todos aqueles opressores que lhe causaram algum mal; isso só acontecia porque era o retorno da própria energia que você expeliu em outros momentos, exatamente como agora. Até este momento, você vivia dentro da lei do "olho por olho, dente por dente", mas agora você está transitando para viver sob a Lei da Misericórdia e do Perdão.

Invoque a Lei do Perdão e diga à Poderosa Presença EU SOU:

- Dissipa e consome essa criação errada.

Isso faz com que toda essa energia seja lançada de volta à Lei Cósmica para harmonização, fora da sua atividade cármica. O perdão, a misericórdia e a busca individual da libertação, sem dúvida o libertam do carma com o outro. Deixe que a invocação ao perdão ressoe em todos os elétrons de seus corpos e sinta, pouco a pouco, dissiparem-se todas as manchas e nódoas escuras. Você vê nas imagens, no espelho, o Fogo Violeta colorindo e dissolvendo cada uma dessas cenas. As cicatrizes e marcas de seus corpos vão clareando, dissolvendo-se e sumindo cada vez mais rápido. Sinta-se cada vez mais brilhante e leve. Parece que um peso foi retirado de você, e foi mesmo. Seus corpos brilham intensamente num Fogo Violeta cintilante e você se sente puro e livre. Ouça as palavras de Saint Germain ecoando dentro de você:

- As portas da liberdade estão abertas diante de você, bastando que acredite na Verdade que eu tenho divulgado e que permitirá entrar por estas portas e receber a Eterna benção da Luz que ali está à espera para envolvê-lo(a). Crie a visão interna da liberdade em seu ser. Veja a liberdade agindo em sua vida, sinta essa vibração do mais belo tom violeta colorindo suas imagens mentais, seus sentimentos e emoções. Pense na palavra liberdade e sinta exatamente o que ela quer dizer a você: libertar, liberar, livrar, soltar, romper. Comece a sentir o poder da liberdade atuando sobre seus corpos e não aceite mais esses limites como reais, pois eles só são reais enquanto você acredita neles, aumentando seu poder. Comece a dar poder, força e fé à perfeição fluindo no lugar onde eles estavam. Acredite que agora isso é real, perfeito e absoluto. Uma verdade incontestável e inquestionável; alimente essa idéia. Sustente-a firmemente em sua mente e em

seu coração. Sinta essa verdade como real e aceite essa manifestação perfeita fluindo de Deus, da sua Presença Divina atuando em você. Faça isso e viva dentro do princípio da liberdade, com a benção da sua irradiante Presença EU SOU.

Querido(a), aproveite essa Chama que eu lhe ofereço para se libertar de tudo aquilo que o(a) prende ao passado. Você não pode ser livre enquanto estiver preso(a) a qualquer vibração do passado. Esteja ciente de que tem o Poder e a Sabedoria em suas mãos. Depende apenas de querer utilizar essas virtudes com Amor para dissolver tudo aquilo que o(a) liga a pessoas ou situações passadas. Por que insiste em permanecer preso(a) a isso? Você quer ou não ser livre, viver de acordo com a Perfeição Divina? Insisto! Acorde, desperte! Não por acaso você chegou até aqui e não acredito que queira parar por aqui. Está apenas a alguns passos da liberdade eterna e falta um pouco mais de esforço de sua parte para alcançar essa perfeição prometida. Saiba que depende unicamente de você alcançar essa plenitude, portanto não transfira essa responsabilidade para outros nem para Nós. Há muito estamos auxiliando a todos os filhos da Luz na busca da Perfeição, mas não podemos alcançar a libertação por você, pois já alcançamos a nossa. E isso só você pode fazer por si mesmo. Assuma essa responsabilidade e trabalhe intensamente para que isso aconteça. Está em suas mãos o alcance dessa liberdade. A coroa de louros o aguarda, os portais do Templo da Vitoriosa Conclusão na Luz, assim como os Portais de Luxor estão abertos para recebê-lo. Com o auxílio do Mestre Vitória, do Mestre Serapis Bey e do meu Manto de Misericórdia e Transmutação eu o saúdo com a Chama da Liberdade Eterna!

A sensação da verdadeira liberdade é a sensação plena de felicidade, e da bem-aventurança. O prazer e a satisfação de sentir-se completamente livre de todas as amarras, de todas as prisões, de todos os sentimentos e pensamentos negativos. A sensação de não ter limites e poder viver a plenitude daquilo que Deus tem a oferecer a todos os Seus filhos. Experimentar a sensação de ser livre ao olhar o mar, os pássaros voando, o sorriso no rosto inocente e puro das crianças, sentir-se livre em cada pequeno gesto, em cada sentimento, em cada situação que vivencie, enquanto ainda estiver aqui. O importante é não deixar nunca de sentir-se completamente livre, eternamente livre. Regozije-se com a liberdade e celebre sua nova vida, valsando livre e feliz, eternamente livre e feliz. Então você ascenderá nas asas da Sua Poderosa Presença EU SOU para a liberdade e bem-aventurança da Perfeita, Eterna, Ilimitada Luz. Repita inúmeras vezes junto comigo: ***EU SOU ETERNAMENTE LIVRE!***

INVOCAÇÕES AO SÉTIMO RAIO

1) Em nome do Poder, da Luz e do Amor da Presença EU SOU que reside em nossos corações, saudamos e invocamos a todos os Seres do Raio Violeta: Amado Saint Germain, Mestra Pórtia, Bem-Amada Kwan Yin, Arcanjo Ezequiel e Ametista, Elohim Arcturus e Diana, Lord Sainthru e Lady Mercedes, Príncipe Oromasis: carregai, carregai, carregai, agora, este ambiente com a Chama Violeta da Purificação, Misericórdia e Transformação e preenchei-nos com esse Maravilhoso Poder Libertador.

2) Amado Mestre Saint Germain e Amada Presença EU SOU, derramai sobre nós e sobre todo o nosso planeta o Poder Misericordioso de Vossa Chama Violeta. Deixai que essa Chama transpasse cada átomo e elétron de toda a criação, libertando-a e purificando-a de toda impregnação limitante e negativa. EU SOU a Misericordiosa Chama Violeta que consome, agora, todas as criações impuras.

3) Em nome de nossa Presença Divina, da Bem-Amada Kwan Yin e da Amada Mestra Pórtia, apelamos ao Fogo Violeta Transformador para que purifique toda a atmosfera da Terra, o reino elemental e toda a Natureza e que a Misericórdia e o Perdão de Deus consumam todas as criações negativas da humanidade. Em nome da Presença Divina de todos os homens, pedimos perdão pelo desrespeito e falta de compaixão para com os reinos dos animais, dos vegetais, dos minerais e dos elementos da natureza, assumindo o compromisso de zelar para que todas essas formas de vida tenham direito à evolução e à Liberdade! Perdoai-nos! Perdoai-nos! Perdoai-nos! Perdoai-nos! EU SOU! EU SOU! EU SOU!

4) Ó Presença Divina que comanda a minha vida, eu peço perdão a Vós pelo mau uso que venho fazendo de Vossa Energia. Perdoai-me por empregar esse Poder Criativo que me ofereceis, a todo o momento, em criações limitantes e nocivas. Consumi todas essas criações e libertai-me do retorno dessa energia. Libertai, libertai, libertai! Abençoai com Vosso Amor e Luz cada pensamento, sentimento, palavra e atitude minha e irradiai Vossa Perfeição em meu ser e em meu mundo.

Ó Grande Presença Universal, presente em todos os homens, Perdoai-os por suas limitações e ignorância e dissolvei tudo o que foi criado pelo ego humano. Perdoai-os, perdoai-os, perdoai-os! Confiantes em Vossa Misericórdia e Perdão, permanecemos livres. EU SOU! EU SOU! EU SOU!

5) Amado Mestre Saint Germain, recebei todo o nosso Amor e Gratidão e envolvei-nos com Vosso Poder Libertador. Irradiai o Fogo Violeta Consumidor em nossos corpos, dissolvendo e consumindo todos os registros do passado. Pedimos perdão a toda forma de vida a que tenhamos prejudicado, e perdoamos a todos que nos tenham causado mal, ao longo de nossas encarnações. Deixai que o Fogo Violeta atue agora em cada elétron de nossos corpos, libertando-nos de toda causa e de todo efeito, consumindo nossos carmas e ascensionando totalmente a nossa energia. Sustentai os elétrons destes corpos livres e puros e, assim, mantende-os para sempre. Nós Vos agradecemos.

6) Arcanjo Ezequiel e Ametista, purificai-nos e a todos os homens com Vossa Chama da Purificação, libertando-nos de todas as condições terrenas limitantes e negativas. Elevai nossas consciências e sentimentos e mantende-os permanentemente purificados pela Chama Violeta. Abençoai-nos com Vosso Poder Transformador e irradiai sobre nós e em todos os homens a Chama da Liberdade. Abençoado seja o Poder do Fogo Violeta. EU SOU! EU SOU! EU SOU!

7) Bem-Amados Arcturus e Diana, dai-nos Vosso Poder Transmutador e transformai, transformai, transformai todas as energias imperfeitas criadas pelo eu-personalidade de todos os homens. Libertai a Terra e os elementais das criações negativas de toda a personalidade humana e permiti que o Fogo Violeta dissolva tudo aquilo que não esteja em sintonia com o Cristo Interno em cada coração. Eu entrego nas mãos da Presença Divina o controle absoluto de minha energia pessoal e não aceito mais nenhum comando do eu-personalidade. EU SOU! EU SOU! EU SOU!

8) Presença Perfeita e Pura que atua em mim, dissolvei toda dissonância e impureza impregnada em minha aura. Inundai, inundai, inundai com a Chama Violeta todos os meus corpos e substituí cada partícula impura somente por Harmonia, Amor e Perfeição Divina. Comandai meu ser com Vosso Poder e Luz e sustentai Vossa energia para sempre. Eu Vos agradeço!

9) Em nome da Presença EU SOU em nós e dos Adorados Manus da Sétima Raça Raiz, Lord Sainthru e Lady Mercedes, apelamos: preparai toda a humanidade com Vossa Consciência Amorosa e Unificadora, para que todos trabalhem irmanados

na causa da Liberdade da Terra. Assim que a grande mudança planetária se manifestar, enviai Vossos Filhos da Sétima Raça que deverão assumir a tarefa de reconstrução da Terra. Esperamos trabalhar unidos nesse propósito. Aceitai nossa dedicação e Amor hoje e sempre.

10) EU SOU a Cruz de Malta Flamejante e Violeta do Bem-Amado Saint Germain, que imprime seu Poder Transmutador em toda condição limitante e negativa. Eu vejo, agora, toda imperfeição sendo consumida por essa Cruz de Malta Violeta Purificadora, desde a origem até seu resultado final. Toda essa energia involutiva se dissolve para sempre e, em seu lugar, surgem o Amor, a Liberdade, a Luz e a Perfeição. EU SOU totalmente livre! EU SOU! EU SOU! EU SOU!

11) Amado Mestre Saint Germain, eu retomo o compromisso assumido convosco antes de nascer: ofereço-Vos meu coração para amar toda forma de vida; minhas mãos para servir à Grande Obra; minhas palavras para expressarem Vossas Instruções; meus olhos para verem somente o Cristo em cada coração, e meus pensamentos para criarem a Pureza e a Perfeição de Deus. Sustentai minha energia com Vosso Manto Eletrônico e auxiliai-me a cumprir minha tarefa. Com profunda gratidão, eu Vos amo por toda a eternidade.

12) Ó Bem-Amado Saint Germain, nós Vos agradecemos por estarmos prestando serviço a Vós e a todo o planeta, nesta Nova Era. Auxiliai-nos a nos tornar instrumentos cada vez mais puros e perfeitos, servindo de exemplo aos nossos irmãos e a toda a humanidade. Amparai-nos com Vosso Manto Eletrônico e com a Chama Violeta, dissolvendo todas as imperfeições do nosso eu-personalidade, até que o Cristo em nós e em todos os homens assuma o controle absoluto de nossa energia. EU SOU o Cristo em ação! EU SOU! EU SOU! EU SOU!

13) Sob o comando da Presença Divina em meu coração e em nome do Seu Amor-Sabedoria, Inteligência e Poder, invocamos a Força Consumidora do Fogo Violeta para que se derrame agora em nosso planeta e em todos os seres humanos, **consumindo e dissolvendo todo o mal** (3 vezes) até que todos sejam eternamente livres. EU SOU! EU SOU! EU SOU!

14) EU SOU! EU SOU! EU SOU! EU SOU o Poder Misericordioso do Fogo Violeta que transmuta o carma criado ao longo das minhas encarnações. Eu invoco esse Poder Misericordioso da Chama Violeta para que atue agora em toda a Terra e em toda a humanidade, consumindo com todas as limitações no nosso planeta.

15) Sob o comando de Deus em cada um de nós, invocamos a Sagrada Chama Violeta de Saint Germain para que se manifeste agora em toda a Terra, no reino humano e elemental e que liberte tudo ao seu contato. Que ela purifique os corpos de todos os homens, o plano astral, a natureza e restabeleça o Equilíbrio Perfeito de toda a Criação. Agradecemos ao Mestre Saint Germain por ter nos convocado a trabalhar, todos juntos, nesta Era de Liberdade.

16) Bem-Amado Saint Germain, eu me ofereço como instrumento de Amor e de Serviço para trabalhar em prol da Terra e de todos os seres que vivem nela, com o objetivo de transformar toda energia negativa e limitante em Harmonia, Paz, Amor e Liberdade. Através da energia criativa que flui da Presença EU SOU em mim, entrego meus pensamentos, palavras, sentimentos e atitudes, para que eles sejam mensageiros do bem e da transformação ao meu redor e em todo o planeta Terra. Eu vos agradeço, pela atenção e dedicação dispensadas.

17) **A Grande Invocação**

Do Ponto de Luz da Mente de Deus,
Flua Luz às mentes dos homens.
Que a Luz desça à Terra!
Do Ponto de Amor do Coração de Deus,
Flua Amor aos corações dos homens.
Que o Cristo volte à Terra!
Do Centro onde a Vontade de Deus é conhecida,
Guie o Propósito as pequenas vontades dos homens,
O Propósito que os Mestres conhecem e a que servem!
Do Centro a que chamamos raça dos homens,
Cumpra-se o Plano de Amor e Luz e mure-se a porta onde mora o mal!
Que a Luz, o Amor e o Poder restabeleçam o Plano na Terra!
Que assim seja, e auxiliai-nos a cumprir a nossa parte.

18) **Invocação Maior**

Da Presença sublime em nossos corações.
Ó Cristo, ó Redentor.
Recebe a chama ardente do nosso grande amor!
Da Presença real que coroa as nossas mentes.
Ó Cristo, ó Potentado.
Acolhe a luz nascente e o poder despertado!
Do tímido embrião da nossa inteligência.

Ó Redentor, ó Santo.
Fabrica o teu bordão, manda tecer teu manto!
Porque queremos fechar para sempre a porta ao mal.
Ó Cristo, ó nosso Irmão.
Mostra nos tua face e estende nos a mão!
Que a Luz, o Amor e o Poder do Pai
Se manifestem por teu intermédio,
Sobre nós, em nós e por nós,
Eternizando o Plano sobre a Terra! Amém.

19) **Mantra da Unificação**

Os filhos dos Homens são um
E EU SOU um com eles
Busco amar e não odiar
Busco curar e não ferir
Busco servir e não exigir serviço
Que a dor traga a devida recompensa
De Amor e de Paz,
Que o homem controle a forma externa
A vida e os acontecimentos e traga à Luz
O amor que subjaz em tudo quanto acontece
Que venham a visão e a percepção internas
Que o futuro seja desvelado
Que cessem as divisões externas
Que a unidade interna se manifeste
Que o Amor prevaleça
E que todos os homens amem.

20) **Mantra do Discípulo**

EU SOU um Ponto de Luz dentro de uma Luz Maior.
EU SOU um Raio de Energia Amorosa dentro do fluxo do Amor Divino.
EU SOU uma Chispa do Fogo do Sacrifício enfocado dentro da ardente Vontade de Deus, e assim permaneço.
EU SOU um Caminho através do qual os outros podem caminhar.
EU SOU uma Fonte de Força que lhes permite manter-se.
EU SOU um Raio de Luz iluminando os seus caminhos, e assim permaneço.
E permanecendo assim, eu vou e volto no Caminho dos Homens e conheço os Caminhos de Deus. E assim permaneço. OM!

DECRETOS E AFIRMAÇÕES PARA SEREM REALIZADOS DIARIAMENTE

EU SOU a Opulência Divina manifestada para meu uso correto.

EU SOU a solução de todos os problemas criados pelo eu-personalidade.

EU SOU a cura imediata de cada órgão e célula de meu corpo físico.

EU SOU a infinita abundância de todas as dádivas divinas, fluindo sobre todos os homens.

EU SOU o Fogo Violeta consumidor, que dissolve instantaneamente toda vibração negativa.

EU SOU um pilar de Luz, Amor, Inteligência e Poder Divinos.

EU SOU o Cristo desperto e manifesto em mim.

EU SOU a Ressurreição e a Vida.

EU SOU a Mente de Deus que tudo vê e que tudo sabe.

EU SOU a Proteção Divina selando todos os meus corpos e me mantendo invulnerável a toda criação humana.

EU SOU a Verdade Divina se revelando por trás de todas as aparências impuras.

EU SOU o Manto de Luz da Presença Divina me revestindo com toda a sua Glória, Paz e Amor.

EU SOU a entrega total à Vontade de Deus e eu obedeço somente a essa Vontade.

EU SOU a Luz Divina comandando cada pensamento e palavra que eu profiro.

EU SOU a Paz de Deus comandando todos os homens e reinando absoluta na Terra.

EU SOU a Liberdade Divina se manifestando em todos os reinos e dimensões desse planeta.

EU SOU a Porta Aberta, que nenhum homem pode fechar.

EU SOU toda a riqueza de Deus que flui, agora, para o meu mundo e para todos os homens.

EU SOU a Presença EU SOU em ação, única fonte de Amor, Sabedoria, Poder e Perfeição.

EU SOU a completa manifestação de toda a harmonia e equilíbrio de que eu necessito.

EU SOU a Pureza e a Perfeição que Deus deseja.

EU SOU o Caminho, a Verdade e a Vida.

EU SOU a Luz do mundo.

EU SOU a manifestação plena do Perdão de Deus, que eu estendo a tudo e a todos.

EU SOU a libertação de todo o passado. Eu vivo no Eterno Agora.

EU SOU o Cristo vivo em cada coração humano e eu só reconheço o brilho desse Cristo.

EU SOU merecedor de todo Amor, Abundância, Saúde, Iluminação e Harmonia de Deus.

EU SOU a Justiça Divina comandando todas as situações na Terra.

EU SOU Deus em ação nessa questão que eu preciso resolver.

EU SOU a Força, a Fé e a Coragem que me capacitam a enfrentar todas as situações.

EU SOU a realização de tudo aquilo que esteja em concordância com o meu Plano Divino.

EU SOU a Ordem Divina restabelecendo a perfeita sintonia em todas essas condições.

EU SOU a Liberdade Divina manifestada em todos os aspectos da minha vida e em toda a Terra.

EU SOU a Perfeição Divina comandando cada situação.

EU SOU a Verdade Divina dissipando toda ilusão e revelando-me a verdadeira essência desta questão.

EU SOU o Perdão e a Misericórdia de Deus que fluem sobre esta situação.

EU SOU o Amor-Sabedoria dirigindo minha vida e a de todos os homens neste planeta.

EU SOU eternamente livre!

EU SOU a Vitória Divina regendo a Terra.

EU SOU Paz! EU SOU Luz! EU SOU Perfeição!

EU SOU a Bem-Aventurança se derramando em meu mundo.

EU SOU Deus em ação aqui e agora.

CANÇÃO PARA SAINT GERMAIN

Saint Germain, te dou meu coração;
Enche-me de amor, renova a minha alma.
Divino Mestre, quero caminhar na luz;
O santo propósito da vida quero ser.
Meu querido, sela em tua luz meus chacras;
Pela escada do amor irei até o teu coração;
Ó Bem-Amado,
Minha vibrante palavra soará para sempre:
Eu te amo!

GRATIDÃO DO DISCÍPULO (ou de um servidor)

Amado Mestre,

Caminhava neste planeta, envolto pela densidade da matéria e pelo véu do esquecimento, buscando motivos, significado e abrigo em diversas fontes. No entanto, nada satisfazia meu coração e a sensação de vazio persistia.

Tua voz soava dentro de mim me conduzindo de volta ao lar, mas eu não ouvia. Em um determinado momento eu desejei muito te encontrar, sem nem saber ao certo o quê ou quem eu procurava. O caminho para o reencontro foi surpreendente e inusitado e tem sido assim com todos os que estão sendo chamados. Quando menos esperava, Tua voz surgiu rasgando todos os véus e revelando a plenitude dos Céus. Foi impossível não responder ao chamado; por isso, estou aqui para me entregar totalmente ao cumprimento da Tua Vontade.

Lembrei, instantaneamente, do compromisso assumido contigo para servir aqui na Terra, auxiliando no processo de despertar, transformar e purificar homens e elementais. Portanto, agradeço pela oportunidade de receber ensinamentos tão valiosos e poder aplicá-los no dia-a-dia, bem como expandi-los ao meu redor.

Assim, eu te ofereço a minha consciência para que seja iluminada e guiada pela Tua consciência. Eu te ofereço o meu coração para amar a Ti e a toda forma de vida. Eu te ofereço as minhas mãos para que, conduzidas pelas Tuas, executem as grandes obras. Eu te ofereço os meus pés para que sejam mensageiros do Teu amor e levem essa energia a todos os lugares. Eu te ofereço as minhas palavras para que sejam impregnadas com a Tua vibração e tragam transformação e liberdade ao mundo dos homens. Eu te ofereço o meu eu-personalidade para que seja instrumento da Tua Luz e Misericórdia. Com profunda gratidão e amor, eu estou a Teu serviço.

EU SOU um Servidor da Nova Era. EU SOU!

BIBLIOGRAFIA

1. **BACON, FRANCIS.** Ensaios de Francis Bacon. Editora Vozes, 2007.

2. **COOPER-OAKLEY, ISABEL.** Conde Saint Germain. Editora Mercuryo, 1990.

3. **DIAS JÚNIOR, LUIZ CARLOS SILVEIRA .** Eu Sou Eternamente Livre. Editora Divina Presença, 2008.

4. **DURANT, WILL.** A História da Filosofia. Editora Nova Cultural, 2000.

5. **GERMAIN, SAINT.** Hacia Mi Mágica Presencia. Ediciones Pluma y Papel, 2002.

6. **GERMAIN, SAINT.** Metafísica. Tomo I. Ediciones Pluma y Papel, 2003.

7. **GERMAIN, SAINT.** O Livro Alquímico de Saint Germain Editora Nova Era/ Record, 1993.

8. **GERMAIN, CONDE DE SAINT.** A Santíssima Trinosofia. Editora Mercuryo, 2003.

8. **MÉNDEZ, CONNY.** Metafísica. Ediciones Continente, 2003.

9. **PROPHET, MARK e ELIZABETH CLARE.** Alquimia de Saint Germain. Editora Nova Era, 1996.

10. **RAY KING, GODFRÉ.** A Lei Aberta para a Nova Era: Mistérios Desvelados. Editora Santa Ametista, 2007.

CONHEÇA OUTROS PRODUTOS DA EDITORA

Acesse nosso site: **www.divinapresenca.com.br**

EU SOU ETERNAMENTE LIVRE é um livro que aborda os principais ensinamentos dos Mestres Ascensionados para a Era em que vivemos, com linguagem simples e objetiva. Desta forma, o leitor pode conhecer e mergulhar na palavra dos Mestres, pois o livro reúne os conceitos mais importantes já transmitidos pela Grande Fraternidade Branca, através de todos os seus discípulos pelo planeta. Além disso, propõe também exercícios, visualizações e invocações, com o objetivo de aperfeiçoar o ser humano e contribuir para a manifestação visível de um Novo Tempo de Amor e de Harmonia.

Mariza Varela
autora de *A Gruta do Sol*

"Como há dois mil anos atrás, a Terra novamente se encontra numa hora sagrada. Uma nova seara está em andamento, e Cristo retornará, tal como foi prometido.

Neste livro, você poderá conhecer a história de Mãe Maria, de José e de Jesus, narraa de uma forma envolvente e emocionante. A Arquéia Maria revela sua descida à Terra como mãe de Jesus, a preparação da encarnação daquele que revelaria o Cristo ao mundo, sua infância na Fraternidade Essênia, a união com José, seu trabalho de sustentação da perfeição em Jesus e muitos momentos importantes de sua vida, de José e de Jesus na Terra.

CALENDÁRIO PERMANENTE

Calendário permanente, com 31 gravuras dos Mestres Ascensionados e Arcanjos, contendo decretos acompanhados de uma pequena meditação, para serem realizados diariamente.

INVOCAÇÕES E MEDITAÇÕES DIÁRIAS

As invocações ou apelos são um pedido, uma súplica a Deus ou aos Seres de Luz para que auxiliem e intercedam em favor dos homens, derramando tudo aquilo que está sendo solicitado. O homem deve fazer uso constante de invocações e de decretos, seja individualmente ou em grupos; na Era atual é estimulado o trabalho em grupos, pois o poder gerado pelos decretos, invocações, visualizações criativas e meditações é multiplicado.

Neste livro você encontra práticas diárias de meditação e de invocações para sintonizar-se com as Forças da Luz e transformar sua vida.

CD COM MEDITAÇÕES E PRÁTICAS ESPIRITUAIS

DVD COM VISUALIZAÇÕES, PRÁTICAS E PALESTRAS EM VÍDEO